売上
1000万円
を稼ぐ！

「地域一番コンサルタント」になる方法

中小企業診断士
水沼啓幸 著

同文舘出版

はじめに

「東京の大手コンサルティング会社だって厳しい時代に、栃木県の宇都宮を基点に独立して成功できるのか？」

平成22年４月、中小企業診断士の資格を取得して独立までこぎつけたものの、いざ起業の段階となると、不安でいっぱいでした。

私は大学卒業後９年間、地方銀行に勤務して、融資業務や法人営業業務を担当しました。日々、中小企業の経営者に接し、経営のスキルを積んできたつもりでした。また、独立準備のために一念発起して東京のビジネススクールにも通い、万全の態勢と自分では思っていたのです。

しかし、現実はそんなに甘くなく、起業後すぐにその希望は打ち砕かれました。素晴らしいキャリアや高い学歴をお持ちのコンサルタントの方々でも、独立して食べていくことは非常に難しい業界だと、身をもって知らされました。

法人設立して始めたコンサルティング事業でしたが、思った以上に経費がかさみ、そんなに元金はいらないだろうと出資した150万円もすぐに消えました。独立から間もなくして、生活費を切り崩して会社に資金投入を繰り返す状態でした。会社の通帳残高は7万円、妻と子どものために貯めていた預金までも底をつきかけ、銀行出身のコンサルタントが資金ショートするというシャレにならない状況も経験しました。

まして、地域での独立を選んだ私は、ビジネス雑誌に執筆するチャンスもなく、コンサルティングファームに登録して仕事を確保するという道もありませんでした。先の展望が見えない中、先輩のコンサルタントの方から仕事をいただき、何とか食いつなぐ日々……。コンサルタントとして1万円のフィーをいただくのがこんなに大変だとは思っていませんでした。独立前に目標にしていた売上1000万円など、ほど遠い夢でした。

それでも毎日、「自分のサービスは、地域企業に必要とされるものだ。必ず地域一番になってやる」と、サービス内容のブラッシュアップや情報の発信など、本書に書いたことを愚直に実践してきました。その結果、4年経った現在、契約先26社、従業員4名の会社にまで成長させることができました。

今は、「地域でコンサルティングが成り立つ。むしろ地域密着でやったほうがビジネスとしての発展性も大きい」ということを、確信を持って言えます。

コンサルタントとして独立して成功するには、「地域一番」を目指すことが近道です。そして、他の商売と同じように、コンサルタント業にも地域には地域のやり方があります。
本書では、私がどのようにしてコンサルティング事業を軌道に乗せたかについて、独立から現在に至るまでに実践してきた経験をもとにまとめています。地域一番のコンサルタントになるための法則や心構え、お客様を獲得するための営業術、さらに情報の発信方法やサービスの構築方法など、すべて自分の経験から事例を交えて書いています。

地域は今、大きく変わらなければならない時代に突入しています。厳しい状況の中で、地域企業は一緒になって考えてくれるコンサルタントを求めています。最新の知識や理論よりも、現場をいかに改善できるか、地域でともに実践してくれる人を求めているのです。
この本を読んで、地域密着のコンサルタントがもっと増え、地域企業が活性化すれば、地域はもっとよくなるはずです。本書を手に取ってくださったあなたが、地域一番コンサルタントとして活躍することを祈念しています。

平成27年1月

水沼啓幸

『売上1000万円を稼ぐ！「地域一番コンサルタント」になる方法』目次

はじめに

1章 「地域一番コンサルタント」を目指そう！

01 地域でコンサルタント業が成り立つ時代 12
02 まずは地域に根を張れ！ 20
03 コンサルタント業界の常識を疑え！ 25
04 地域密着ではMBAや資格は役に立たない？ 31
05 「業種」ではなく「分野」で絞れ！ 36

2章 中小企業の依頼を獲得する営業術

01 なぜ、営業ができない人はコンサルタントに向かないか 42
02 50人に事業計画を提示する 46
03 無料相談をやめる 58
04 地域でKYコンサルタントにならないために 63
05 地域の拠点を制覇する 66
06 経営者との接点を作る 71
07 経営者の心に響く提案の方法 75
08 地域に求められる営業戦略 80
09 いつでも仕事を受けられるコンサルタントはいいコンサルタントではない 85

3章 地域で受け入れられるサービス・料金設定

01 サービス・料金設定で大手コンサル会社との差別化ができる理由 90

02 お客様が受け入れやすい料金体系の作り方 95
03 地域密着サービス内容の構築プロセス 102
04 得意とするキラーコンテンツは激安で売れ！ 106
05 使いやすさと質を両立させる 110

4章 地域でニーズの高いコンサルティングサービス

01 経営計画を一緒に作る 114
02 月次財務モニタリングサービス 119
03 後継経営者のサポート 126
04 ビジネスマッチングを活かした新商品開発・販路開拓 129
05 第3の資金調達方法、補助金・助成金活用支援 133
06 IT知識とデザインセンス 136

5章 地域密着型のメディア活用
01 地域でこそ効果絶大なSNS 142
02 HP・ブログ・FBを連動させてブランディングする 148
03 コンサルタントのキャラ作り 156
04 地域でクロスメディアを展開する 160
6章 大手との差別化を図る情報ネットワーク
01 地域の情報ネットワークの作り方 166
02 地域人脈ネットワークの構築法 172
03 公的機関と情報共有するには 176
04 お客様のための情報収集術 180

05 機密情報の管理は慎重に行なう 183
06 地の利を活かしてお客様紹介の波を作れ 187

7章 サービスの質を上げる関係作り

01 新規のお客様よりも既存のお客様を重視する 192
02 自分主催の勉強会を開催する 197
03 お客様の仕事を創造するビジネスマッチング 205
04 自分でお客様の商品を売る覚悟を持てるか？ 209
05 共同出資して新たな事業を作る 214
06 真に地域貢献するコンサルタントを目指す 218

8章 コンサルティングから広がるビジネスチャンス

01 法人運営のメリットとデメリット 224
02 個人の年収と法人売上の相関関係 230
03 仲間を増やしてアウトソース受託する 234
04 一からコンサルタントを育成する 238
05 事業受託による他業種とのコラボレーション 241

おわりに

装幀、本文ＤＴＰ　朝日メディアインターナショナル

1章

「地域一番コンサルタント」を目指そう！

01

地域でコンサルタント業が成り立つ時代

□コンサルタントを必要としているのは都会だけではない

「コンサルタントなんかで飯は食えない」

私が新卒で入った銀行を辞めるときに、周りの人々に言われた言葉です。将来はコンサルタントとして独立しようとキャリアを積んできた自分にとって厳しいものでした。

独立後、当然のようにさまざまな困難に遭遇しましたが、それでも起業2年目には、独立当初目標としていた売上1000万円を超えることができました。その後、取引先が順調に増加して、会社の仲間は4人になり、事業化もうまくいきつつあります。

私のコンサルティングの手法や考え方は、これまでのノウハウ本とは少々毛色が違うと思います。私はコンサルティング業界にいたわけでもなく、独立時に巨額の資金があったわけでもありません。ただ自己啓発的にサラリーマンが中小企業診断士の資格を取って独立しただけとも言える部類だと思います。

しかも、エリアは北関東の宇都宮。

コンサルティング業界の花形は、もちろん情報の集まる東京です。私も独立前には、準備段階としてMBA取得のために都内のビジネススクールに通っていましたが、その指導教授や同期の修了生からも「まだ若いのだから、いったんコンサルティング業界に進んでみては」「東京でやったほうがいいのでは」などとアドバイスされました。

しかし、私には確信がありました。前職の銀行員時代、中小企業の現状をつぶさに見ていましたので、**「地域においてこそ、中小企業の経営をサポートするサービスが必要だ」**ということを知っていたのです。

ところが、地域にそのようなサービスを提供する機関はありません。東京から来る先生は料金が高いうえに、契約期間が終わるといなくなってしまうので、効果に疑問符がつくイメージでした。銀行員として中小企業の現場を回りながら、コンサルタントに対するニーズとそのギャップを実感していました。

□地域コンサルタントが成功する理由

地域でコンサルタントが必要とされる理由は、多くの要因が重なっています。

①IT化の進展によりビジネスルールが大きく変わり、地域企業が変化を迫られている
②人口減少時代に入り、事業のあり方について新たな方向性を見出す必要がある
③経営者の平均年齢が上昇して、事業承継が急務になっている
④マネジメントの手法を活用した経営が必要になっている
⑤SNSの拡大により情報を発信しやすくなり、地域の価値が認識されやすくなっている

以上のような状況の変化があり、地域であらゆる機関、人脈を駆使してビジネスを変えていく地域密着コンサルタントに対する需要はとても高いと言えます。現に、我が社に対するお問い合わせは月に3～4社あり、相談内容は商品開発、財務改善などさまざまです。

さらに、契約してくださるお客様は、コンサルタントに依頼することが初めてという方がほとんどで、まず最初にいただく質問は、「コンサルタントは何をしてくれるのですか?」

というものです。

地域では、コンサルタントに対する敷居はまだまだ高く、どのように探して、どのように依頼を行なえばいいのかがわからない、というのが現状です。そのような中で、中央から発信される情報に関心のある中小企業だけが、東京のコンサルタントに依頼しています。

ここにこそ、**地域密着コンサルタントのビジネスチャンス**があるのです。

また、地域においてコンサルタントの評判は必ずしもよくはありません。私も銀行退職時に、「コンサルタントの言うことには魂が入っていない」というような発言を耳にしたことがありました。実際に独立してから、そのようなことを言われたことはありませんが、それに近いことを言われることは多々あります。

こちらとすれば、よいことをしていると思ってやっているのですが、これまでのコンサルタントのイメージがよくないために、初対面時、お客様である社長からかけられるプレッシャーは大きいものがあります。

ただ、地域企業には、これまでの場当たり的な経営を排したい、従業員を育成したい、新たな事業モデルに転換させていきたいなどの要望は多く、信頼を寄せられるコンサルタントのニーズは高いと言えます。

□なぜ地域一番か？

地域企業の経営課題が複雑化する中で、地域で活動しているコンサルタントの数も年々増えていると思います。ＩＴ、キャリア、美容、飲食、コーチングなど、さまざまな分野で活動の領域は広がっています。

ただ、地域でコンサルティング事業を継続していくには、対象とする企業数に限りがあるなどの制約もあります。そのため、対象とするお客様を想定して、何かの分野で地域一番になり、その分野で実績を残し続けなければなりません。

私の場合は、これからニーズが増えると思われる「事業承継」の分野の中でも、自分と同世代の後継経営者を対象として、財務、金融のサービス提供を行なうことで、この分野で地域一番だと言えるようになりました。

地域一番になるメリットには、以下のようなことがあります。

①お客様が、ニーズに合ったお客様を紹介してくれる

通常、地域でお客様からお客様をご紹介いただくためには、かなりの信頼と長い付き合いがないと難しいと思います。経営の重要な部分について相談しているわけですから、知り合

いに紹介するリスクもあります。そこで地域一番の実績があれば、信頼度も増し、自分の売りやサービスも理解してもらいやすいので、周りに同じような悩みを抱えた経営者がいた場合にお客様が紹介してくれるようになります。

②事業活動の情報発信がしやすくなる

地域一番の分野を持つと、情報発信がしやすくなってきます。地域で活動していくにはウェブを活用して自分を認知していただく必要があります。自分の認知度が高くなれば、経営者以外からも相談や仕事を依頼されることも出てきます。

③地域でのネットワークが作りやすくなる

地域一番を売りに活動していると、地域でのネットワーク形成もしやすくなります。地域で活動するということは地域に入り込み、地域特有の課題や企業特性を知る必要があります。ただ、その構築には時間と労力がかかります（具体的な構築方法は6章で述べます）。地域一番の特徴を打ち出せれば、その労力や時間を短縮してコンサルティング事業を軌道に乗せることができます。

□地域一番コンサルタントの道は平坦ではない

ただし、コンサルタントとしての実力が高くないと、地域での成功は難しいと思われます。なぜなら、**地域密着でビジネスを行なうということは結果が即、評判となる**からです。地域コンサルタントは、評判の蓄積による信用が何よりの強みになります。エリアが限定された中でビジネスを行なうには、結果を「見える形」で出し続けるしかありません。

具体的には、以下のようなことを乗り越えて地域一番になっていくことが必要です。

①緊急の課題にどう対処するか

「来週までに新規事業の計画が必要」「3日で報告書を作成する」など、最初にいただける仕事は、他のコンサルタントが断り誰も引き受け手がいないような仕事です。当然のことながら、短期間でも成果が求められます。

②失敗からのコンサルティング

別のコンサルタントに一度コンサルティングを受けて失敗した場合や、新規事業がうまくいかなかったために依頼したいということも少なくありません。その場合、すでに費用や経営資源を大きく使ってしまっているので、少額かつ少ない経営資源で対応しなければなりません。当然、コンサルタントにかかる負担も大きくなりますし、その中で成果を出すことが必要になります。

③結果を出し続けてもお客様が来ない

セミナーや執筆の機会が少ない地域においては、現場で結果を残していてもその結果をＰＲすることは難しくなります。結果を積み上げてもなかなか集客に結び付かないため、時間をかけて集客の仕組みを作っていくことが必要です。

本書では、私が「地域一番コンサルタント」を目指して取り組んできたこと、うまくいったこと、うまくいかなかったことについて実体験をまとめました。

数年前まで１人の銀行員であった自分がコンサルタントとして起業して、どんなサービスを組み立て、どのようにお客様を獲得し、売上１０００万円を達成したかを、包み隠さずお伝えしていきます。

02

まずは地域に根を張れ！

□「地の利」を活かして関係性を深める

地域でコンサルティングを行なう最大の利点は、お客様との距離が近い点です。ズバリ孫子の兵法でいう「地の利」です。距離とは人間関係の距離も含めて、事務所と会社の距離も近いという点です。

地域の中小企業は一般的に、社長を中心にせわしなく運営されていて、組織として機能している会社は非常に少ないものです。それゆえに、我われコンサルタントの潜在ニーズも高いと思われるのですが、いつ何が起こるか予測不能である点が、会社を運営していくうえでも大企業と比べて難しい点となってきます。

毎月訪問していても、先月は話に出ていなかった議題が会議のメインテーマになっていたり、取引先からの突然の要望で、この部品を今月末までに何とか仕上げねばならない……などといった事態はよくあることです。資金繰りや人材採用についても、来週資金繰りが間に合わない、人が必要だが誰かいないかなどといった相談が、突然発生してきます。ですから、地域コンサルタントは、**時間の許す限り訪問して、相談に乗る体制を整えておく必要があるの**です。

また、業種によっても、打ち合わせできる時間が朝の7時からだったり、夜の9時からだったりもします。例えば、豆腐屋さんは連日製造と配達予定が詰まっているので、休日の朝早くに行なうようにしています。

私が長期（長い取引先で4年）でお客様とお付き合いいただいているのは、そういった緊急時に相手に合わせた対応を行ない、必要なときにきちんと成果を上げてきたことが大きいのだと考えています。

その要因の1つが、この**「地の利」を活かしたハイタッチな関係性構築**にあります。

□最初から全国に戦線を広げるな！

独立当初は、全国を飛行機や新幹線で飛び回るコンサルタントがかっこよく、一定の成功を収めている証なのだと思っていました。しかし、独立して事業が安定した今では、**全国を飛び回るなんて非効率なことだ**と思ってしまいます。

かく言う私も独立当初は、エリア外の仕事も積極的に引き受けていました。そのほうがかっこいいし知名度も上がると考えたからです。

ところが、知名度は全国飛び回ってもそれほど上がらないし、逆に効率は下がり、疲労は増し、質の高いサービス提供が難しいということが理解できました。そのため、独立2年目から、地域のお客様に限ってサービス提供を行なうことを決めたのです。結果的には、業績は倍に伸びました。

最初から全国区を目指すのは非効率ですし、成功確率も非常に低いでしょう。その理由は以下の通りです。

①現場の絶対数が少なくなる

これは、新米コンサルタントとして大きなマイナス点です。私は月に2~3社の依頼が来る仕組みを構築しています。これは裏を返せば、年間で30社のお客様のビジネスの裏側を見ることができるということです。この現場力の蓄積が結果としてコンサルティングの精度をどんどん高めていくことになるのです。

独立当初は、セミナーよりも何よりも、この現場力をとにかく磨き、嫌な思いや、うまくいかないことをたくさん経験しないと、コンサルティング能力はまったく向上しません。さらには、独立当初の貴重な期間を逃してしまうと、その力を養う機会は一生なくなってしまいます。

②ビジネスとしての広がりがなくなる

地域でやっていると、ビジネス情報の蓄積、人脈の蓄積が乗数効果で広がりを見せていきます。そして、コンサルティングの次の事業の展開も行なっていくことが可能になるのです（詳しくは8章）。

私は、これからの時代は、今までのような「知識を売る」コンサルティングはなくなっていくと思っています。ITが今後ますます発達していくと、アドバイスや知識を切り売りするだけのコンサルタントは必要とされなくなるということです。

さらに、今の中小企業の経営者は、経営ノウハウについて勉強熱心です。常に一定の、経営を補完する役割を担うサービス提供をしてくれるコンサルタントには依頼が殺到しますが、ノウハウ、知識だけを切り売りするコンサルタントは必要とされなくなると思います。

③人気商売になってしまい、いつかは消えゆく運命になる

コンサルタントは人気商売です。引き合いが多いほど、ギャラも高くなり、忙しくなりますが、そうでなくなれば誰も生活を保障してはくれません。本当に成果を出し続けないと、一気に人気者になっても消えゆく運命になってしまうのです。

そのためにも、エリアで現場を数多く持っているほうがお客様にメリットを提供しやすく、ビジネスとして長続きするようになります。

当然、私もいずれは全国区になりたいとは思っています。しかし、確固とした基盤がない以上は、全国区になっても根っこのない植物のように、すぐに枯れてしまうのが落ちです。他のビジネスと一緒で、この確固とした収益モデルさえできれば、後は計画的にエリアを広げてさらなる成長が見込めると考えています。

03 コンサルタント業界の常識を疑え！

□コンサルタント業へのイメージは捨てよう

コンサルタントに対するイメージは、

①フィーが高くて、高収入である
②お客様の成功事例をもとにコンサルティングメソッドを開発する
③東京のコンサルタントでないと食っていけない
④経費がかからないので事業としてリスクが少ない

など、さまざまあるかと思います。
しかし、地域で独立すると、それらのイメージを覆す現実にぶち当たります。

①フィーが高くて、高収入である

コンサルタントは実力次第であり、若手お笑い芸人やキャバクラ嬢のように、高収入から、全然収入のない人まで千差万別です。実績を出し続け、指名されなければ収入は1円も入ってきません。確かに、時給単価は高いかもしれませんが、1年を通して安定した仕事を確保するのは容易ではありません。収入だけのためにコンサルタントとして独立しようと思っている方は、やめたほうがいいと思います。

②お客様の成功事例をもとにコンサルティングメソッドを開発する

コンサルタントのビジネスでは、お客様の成功事例をパッケージ化して同業者に販売していく、という手段を取っている方もいらっしゃいます。しかし、地域密着ではそれができないことが多いのです。

地域でコンサルティングを行なっていくには、より深くお客様に関わっていく必要があります。また、同じような規模、同じような業種を、エリアを限定した中でお客様にしていくので、絶対数から言っても少なくなるという問題もあります。

したがって、それぞれのお客様ごとにサービス内容を考える必要もありますし、提供する内容のレベルも会社ごとに対応していかないといけません。そのため、事例パッケージがそのままお客様に使えるということはあまりありません。

③東京のコンサルタントでないと食っていけない

前項でも触れましたが、「東京のコンサルタントでないと食っていけない」と思っている方が多く、私もそのようなアドバイスをいくつもいただきました。確かに、情報が集約することを考えると東京を中心とした首都圏のネットワークは必要なのですが、ビジネスとしてはお客様との距離、成果の出しやすさでは地域密着のほうが可能性はあると考えています。

④経費がかからないので事業としてリスクが少ない

自分で仕事を取っていく仕組みを作るには、想像以上にお金がかかります。そもそもコンサル・フィーは、すべてが自分の取り分になるわけではありません。私の場合だと、1人でやっているときも、自分の給料は売上の約半分でした。

また、私は事務所経費、交際費（これが結構かかる）、書籍代など、かなりの先行投資をしました。しかし、これらは他の事業でも同様にかかる経費だと思います。

私は、起業当初からワンルームマンションを個人事業主の知人とシェアして事業を開始しました。自宅兼用ではない事務所があるということが、信頼につながって取引に至ったケースも多いように思います。

中小企業経営者は、依頼するコンサルタントが信頼に足る人物かをシビアに見ています。事業としてきちんと運営されているかどうかが、依頼時の大きな要因になってきます。

□地域の現実を見据えてチャンスを作れ！

私は、独立するにあたって、数多くのコンサルティング企業の料金体系やサービス提供の方法についてリサーチを行ないました。そこで、**地域に圧倒的に多い売上10億円以下の企業が使いやすいサービスが存在しない**ということがわかったのです。

地域で一番を目指すということは、中小企業のボリュームゾーンであるこの層にアプローチをしなければ一番にはなれません。

私は、ターゲットとする企業を「規模」と「事業承継」という分野で数を推計し、事業計画に盛り込みました。次ページの図からも、十分に対象とする企業が存在していることが理解できます。

対象とした企業推計

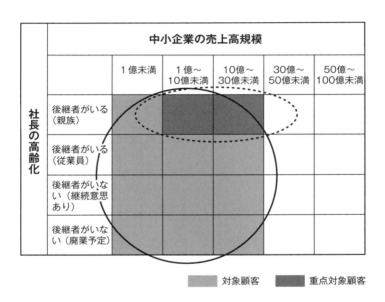

		中小企業の売上高規模				
		1億未満	1億～10億未満	10億～30億未満	30億～50億未満	50億～100億未満
社長の高齢化	後継者がいる（親族）					
	後継者がいる（従業員）					
	後継者がいない（継続意思あり）					
	後継者がいない（廃業予定）					

対象顧客　重点対象顧客

栃木県の企業数 65,362社
……後継経営者がいる企業：約半分
そのうち、事業承継の対策をしていない企業：80%
想定する企業＝**65,362社 × 0.5 × 0.8 ＝26,144社**
参照：『2006年版　中小企業白書』『2014年版　中小企業白書』

地域でビジネスを成立させるには、地域の中小企業の払いやすい値段でサービス提供をする必要があります。具体的には、全国を飛び回るコンサルタントよりも料金は低く設定することになります。

しかし、その分収入が低くなるかというと、決してそうではありません。地域を限定することで、移動時間を短縮し、お客様への訪問件数を増やすことができます。

すなわち、**地域でのお客様の数、中小企業との接点を増やすことにより、ビジネスとしての相乗効果が生まれてくる**ことになります。

まずはコンサルタントの常識を打ち破ることから、地域での成功はスタートします。

04 地域密着ではＭＢＡや資格は役に立たない？

□コンサルタント経験がないことが功を奏する

なんとか地域で独立・起業した私ですが、今思うと、コンサルタントの経験がなかったことも軌道に乗った要因の１つです。大手コンサルティングファームと同じ方法では、地域での成功はなかったでしょう。

独立当時は、中小企業診断士の資格を取得したものの、実務においては大きな不安がありました。「経験のないコンサルタントになんて誰が頼むんだ……」と。

しかし、いざコンサルティングを始めると、お客様は意外に単純なことで悩んでいることが多いのだとわかりました。コンサルタント経験がないだけ、できるだけ難しい言葉を使わず、低姿勢で相手の立場になって考えることに徹したことで、お客様に受け入れてもらえたのです。

ただ、時にはお客様の耳が痛いことも言わねばなりません。せっかく気に入られたのに、お客様から嫌われるのではないか、そんな不安がよぎりました。そこで、私は、経験がない分、お客様が使いやすいサービス、困っていることに集中して、**個社別にサービスをアレンジ**していきました。

Aという会社では、財務を中心に月1回の訪問で○○円、Bという会社では人材育成を含めて改善活動を指導して××円というように、一律的でないコンサルティングを行なっていったのです。

さらに、その料金は大手のコンサルティング会社から比べると半額以下の値段で提供することにしました。3章で詳述しますが、地域の中小企業が使いやすい値段でサービスを提供することにしたのです。

時折、同業者の方に「安すぎる、高くしたほうがよい」と言われることがありますが、今でも値段を引き上げてはいません。**料金が低い分、訪問件数を増やし、移動時間が短縮できる地域密着ならではの方法**で、着実に成果を出せたからです。

その結果、多い日では1日4社のコンサルティングを行なう日もあります。これも、エリアを限定しているから可能となるサービス提供手法です。

1日4社と聞くと、そんな状況でうまくコンサルティングができるのか？　と言われそうですが、基本的に契約する期間が長いサービスを主としているので、まずこちらも相手の会社を知り尽くしています。家族構成、取引先、問題社員までも把握したうえで、常にアドバイス、提案を行なうことから、短時間で課題の解決策が見つかります。

さらに、社長から常々、会社の将来についてのビジョンを聞いているので、短時間で効果の高いサービスを提供することができるのです。

社長も忙しいので、コンサルタントに付き合って1日ミーティングということは避けたいのが現状だと思います。この辺も、通常のコンサルティング業界にいたら思いつかなかったサービスの提供方法かもしれません（詳しくは3章を参考にしてください）。

□地域企業から求められているものとは

「コンサルタントには資格が必要か？」と、コンサルタント志望者の方によく聞かれることがあります。私も資格を取ってからコンサルタントになりましたが、独立した今、必要かと問われれば、「あったほうがいいかも」程度のものかなと思うようになりました。

資格や学位は持っているに越したことはありませんが、地域一番になることにおいては、絶対必要条件ではありません。

資格は、初対面での印象をよくしたり、独立当初に仕事をいただくきっかけとしては役に立つこともおおいにありえます。ビジネススクール、ＭＢＡホルダー間の人脈などは課題解決するときの大きなリソースになっていますし、中小企業診断士の資格も地域においては信用度を増すには大きなツールにはなります。

しかし、コンサルティングの現場では、教科書通りの知識でやっていけるということはほぼないと言っていいでしょう。**特に地域の中小企業は、企業ごとに文化も違えばやり方も違うために、「これで万事解決」という方法はないに等しい**と思います。

地域企業には、以下のような特徴があります。

①社長を中心とした家族が経営を行なっている

社長の奥さん、息子が取締役で、勤務年数の長い番頭従業員で組織が構成されていることが多いです。そのため、従業員を含めて家族的な雰囲気で運営されています。そのため、大きな改革やスピード感に欠けてしまうことも多いです。

②経営資源が常に少ない

規模やエリアにもよりますが、一般的には、人、もの、金の経営資源が少ない状況で常に運営している会社が多いです。したがって、業界のトレンドなどが分かっていても、実行することが出来ないで悩んでいる企業が多くなります。それらの企業に少ない経営資源でも実行できる方法を検討していくところが、コンサルタントの腕の見せ所になります。

③地域とのしがらみが多い

地域で経営しているだけに地域とのしがらみが多く、経営していくにもしがらみからの制約も多くなります。同じ業界でもその地域特有の業界動向（企業数、業界地位、社長の人脈）を知っておかないとお客様にとって効果のある提案もできないことも多いです。

地域コンサルタントのお客様の多くが、こうした中小企業の経営者です。地域に根ざした活動をしていくのであれば、資格やテクニックではなく、喜びも、悲しみも、苦しみも可能な限りシェアしていく態度や行動が求められるのです。

05 「業種」ではなく「分野」で絞れ！

コンサルタントの実務で得た経験が強み

コンサルタントをやっていると、よく「何が専門ですか？」という質問を受けます。コンサルタントは医者と一緒で専門性が高いために、その分野のスペシャリストである必要があります。私の場合、銀行出身なので、「金融、財務の専門です」ということになります。

さらに、「業種は何業が得意ですか？」と重ねて質問されることがあります。

独立当初は、得意な業種のない自分にコンプレックスを持っていました。コンサルタント業界の方からも、「業種を特化したほうが、専門性が高く、その分フィーも高くなる」との声をよく聞きました。

「地方に多い建設業に特化しようか」「これからの時代は農業か」などと業種の強みを打ち出そうと考えていましたが、その裏には大きな落とし穴があることを、独立後に理解することができました。
コンサルタントの専門分野は、これまでの職業経験の他、**コンサルタントとしての実務で蓄積した経験により、方向性がおおかた決まってくる**という事実に気づいたからです。

職業経験から業種を選定していくと、地域ではなかなか成功しづらくなります。地域では業種ごとの企業数が限られており、その中でコンサルタントに依頼する企業となると、さらに限定されてきます。

業種には流行り廃りがあり、企業として中長期的な発展を目指していく場合には、数年でノウハウが役立たなくなることが想定されます。そうなると、情報源も少ない地域コンサルタントは時代に取り残されて相手にされなくなってしまいます。

また、地域密着で必ず出てくる弊害は、**お客様の競合企業からの依頼がくる**ことです。コンサルタントに依頼して経営改善や成長を図ろうとする企業は、地域ではそれなりの規模で、知名度がある企業のため、どうしても同業種の企業から依頼がきてしまいがちです。

同じ業種でも飲食業なら、業態や扱うジャンルに幅があるため、支援できるケースも多いですが、同じような商品を製造しているメーカーや同じようなものを扱っている卸売業となると厳しい状況があります。

すなわち倫理的には、飲食店か、エリアが被らない企業以外は、**1業種1企業の支援になってくる**ことになります。これは裏を返せば、業種でコンサルティングを行なうことが地域限定では難しいことを意味しています。

□「業種」に縛られない「分野」のテーマ作り

では、地域ではどのようにしてコンサルティングを行なうのがよいのでしょうか？

私は、地域で一番のコンサルタントになるためには、**「分野」をテーマにしてコンテンツ作成、マーケティングを行なっていくことがよい**と考えています。特に経営者が必要としているか、あるいは苦手としている分野をテーマにすると効果的です。

分野とは、金融、資金繰りを含めた財務、商品開発等のマーケティング、製造業で言えば技術開発のような分野をテーマにしたコンテンツのことです。

分野を定義したサービスには、業種を超えてニーズがあるため、地域で効果的にお客様を開拓できます。また、お客様に不足している知識やノウハウのため、ウィン・ウィンの協調関係を築くことが可能になります。したがって、**1年以上の中長期的な関係を構築すること**

が比較的容易になってきます。

私も事業承継を基本として、金融・財務、後継経営者、ＩＴ……と分野を少しずつ増やすことにより、多くの地域企業と接点を持てるようになり、顧客の数は年々増加の一途をたどっています。

また、一度契約すると数年間はお付き合いする場合が多いのも、私がそれらの分野において、確実にお客様に価値のあるサービスを提供している証だと思います。

少子高齢化、都市間格差など地域を取り巻く環境は厳しさを増しています。それに伴って、地域企業もどのように環境適応していくかが問われています。

どのように生き残りを図るか、そのヒントはどの業界においても**「地域一番」になる**ことです。次章からは、より実践的な成功法則をお伝えしていきます。

2章

中小企業の依頼を獲得する営業術

01 なぜ、営業ができない人はコンサルタントに向かないか

□営業する瞬間から信頼関係の構築は生まれる

「最短で売上1000万円達成できた理由は?」

そう聞かれたならば、「運がよかった」「人に恵まれた」などと言いたくなりますが、ここではあえてきれいごとではなく、自分のスキルの何が役に立ったのかといった点で述べてみたいと思います。

それはズバリ、「営業」です。

頭を下げて営業するのが嫌だからコンサルタントになりたいと思うような人は、まずコンサルタントは向かないと思います。逆に、営業が得意な方は、独立されてから短期間で軌道に乗る確率が高いです。これは、地域だからなどとは関係なく、コンサルタントとして独立する際に重要なポイントとなります。

コンサルタントの場合、お客様に会うこと、コンサルティングの現場に赴くこと、会社にアポイントを入れて視察することも営業になります。

特にいろいろな会社を見られる機会を作っておくことは、将来において営業力をさらに強化する1つの要因になりえます。

営業ができない人の場合、①**お客様との距離感がつかめない**、②**うまく問題点を共有できない**、③**納得して行動してもらえない**などの弊害が出ることになります。

コンサルタントがどんなに素晴らしいアドバイス、提案を行なっても、お客様が実行に移さなければ効果は出ないし、存在する意味すらなくなります。

そのためにもまず、「この人の話を聞いてみたら、いいことが起きそうだ」「なるほど、実行してみればうまくいきそうだ」と思ってもらう必要があります。

信頼関係の構築は、お客様に対して提案する段階から始まっていて、**コンサルティング成果が得られるか得られないかも営業の段階から始まっている**ということです。

□営業ツールにはこだわるべき

私は、営業するためのツール作りにはこだわっています。設立当初から、プロのデザイナーにロゴを作ってもらいました。ホームページも開設しました。

これらを設立時から準備したことは、今となっては大きかったと思っています。営業に行ったときのお客様の反応が確実に違うのです。

このように言うと、コンサルタントは腕、スキルが重要で営業ツールなどにお金をかけるべきではないとの反論があるかとも思いますが、「事務所を成長させたい」「仲間を増やして会社として運営していきたい」と考える方は、将来のためにも早くから営業ツールを作成することをお勧めします。自分で名刺を作っているうちは「1人ビジネス」の域を出ず、いつかはコンサルタントとしての寿命も尽きてしまうでしょう。

相手からどう見られているかを常に予測しながら、営業ツールもブラッシュアップしていきましょう。

自分の売りを伝える名刺

＜表＞

情熱を持って、実践する
SUCCEED™

代表取締役
水沼 啓幸
Mizunuma Hiroyuki

株式会社 サクシード
宇都宮オフィス 〒321-0923
栃木県宇都宮市下栗町2916-9 エイムビル3F
東京オフィス 〒102-0075
東京都千代田区三番町7-1 朝日三番町プラザ3F
TEL 028-678-2540 FAX 028-678-2238
URL http://succeed-biz.jp/

＜裏＞

Management Ideology | 経営理念
幸せと感動をともに創造し
次の世代により良い社会を引継ぐ

Our Business Policy | ビジネスポリシー
情熱と責任を持って、常に考えて実践する！

Business Portfolio | 事業内容
次世代型経営支援

・後継経営者の経営承継支援
・成長発展型の経営計画策定支援
・ECサイト構築(多国語対応)
・M&A支援
・金融、財務のアウトソーシング
・とちぎ経営人財塾運営
・需要創造型企業転換支援
・webマーケティング

経営革新等認定支援機関（経済産業省 関東経済産業局 認定）
人を大切にする経営学会 団体会員

資格 法政大学 地域研究センター 客員研究員・中小企業診断士

> コンサルティングの理念やコンセプトを入れて、どのような思いで活動しているのかが相手に伝わるようにしよう

02

50人に事業計画を提示する

□営業のスタートダッシュを図る方法

前項で、地域密着型コンサルタントとして成功するには営業力が必要と述べましたが、ここからは、具体的に何を行なえばよいのかを述べていきます。

独立当初は、何をどうしていいかわからない、しかし時間はある……という状態です。サラリーマンを辞めて立した大抵の人にとっておそらく、自分でお客様を獲得するために営業するなど、人生初の取り組みでしょう。

私は独立初年度で15社のお客様と契約いただき、順調に事業のスタートを切ることができました。スタートダッシュをかけることができた1つの要因が、あるコンサルタントの先輩から言われたアドバイスを実践したことでした。

それが、「**知っている人50人に事業計画を提示する**」ことです。なぜ50人かというと、1

00人だと物理的に訪問しきれなくなるので、やはり50人が妥当だと思います。

具体的に、私がどうやって営業したのかというと、まず自分の事業計画をパワーポイントでわかりやすくまとめました。**「コンサルタントの事業計画書」**を作ったのです。

経営計画の重要性をお客様に説いておいて、自分で作っているコンサルタントはあまり聞いたことがありません。ですが、コンサルタント業において、事業計画を作って計画通りに行動していくことは、想像以上の効果を発揮することになるのです。

50人に事業計画を提示する手順は、以下の通りです。

①訪問リストを作成する

会社員時代の上司、同僚、お客様、知り合いの経営者、経営者団体など、仕事につながりそうな方50人をピックアップしてリストを作ります。これまでの人脈を思い起こして、「自分の話を聞いてくれそうな方」を念頭にリスト化していきます。

②3カ月以内に訪問する計画を立てる

50人のリストを作成したら、電話やメールでアポイントを入れて、3カ月以内に一気に訪

私が実際に50人に手渡した事業計画書（抜粋）

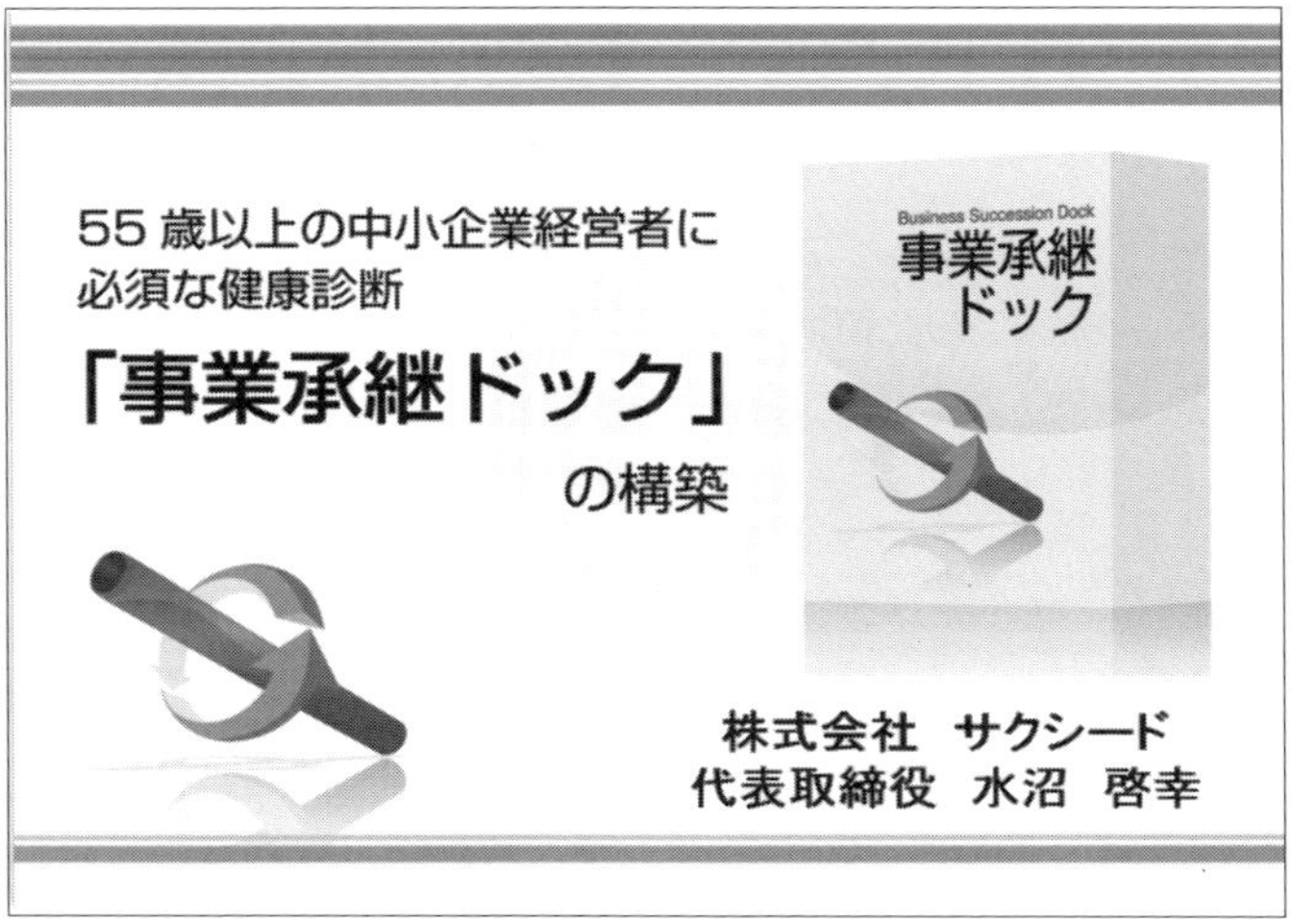

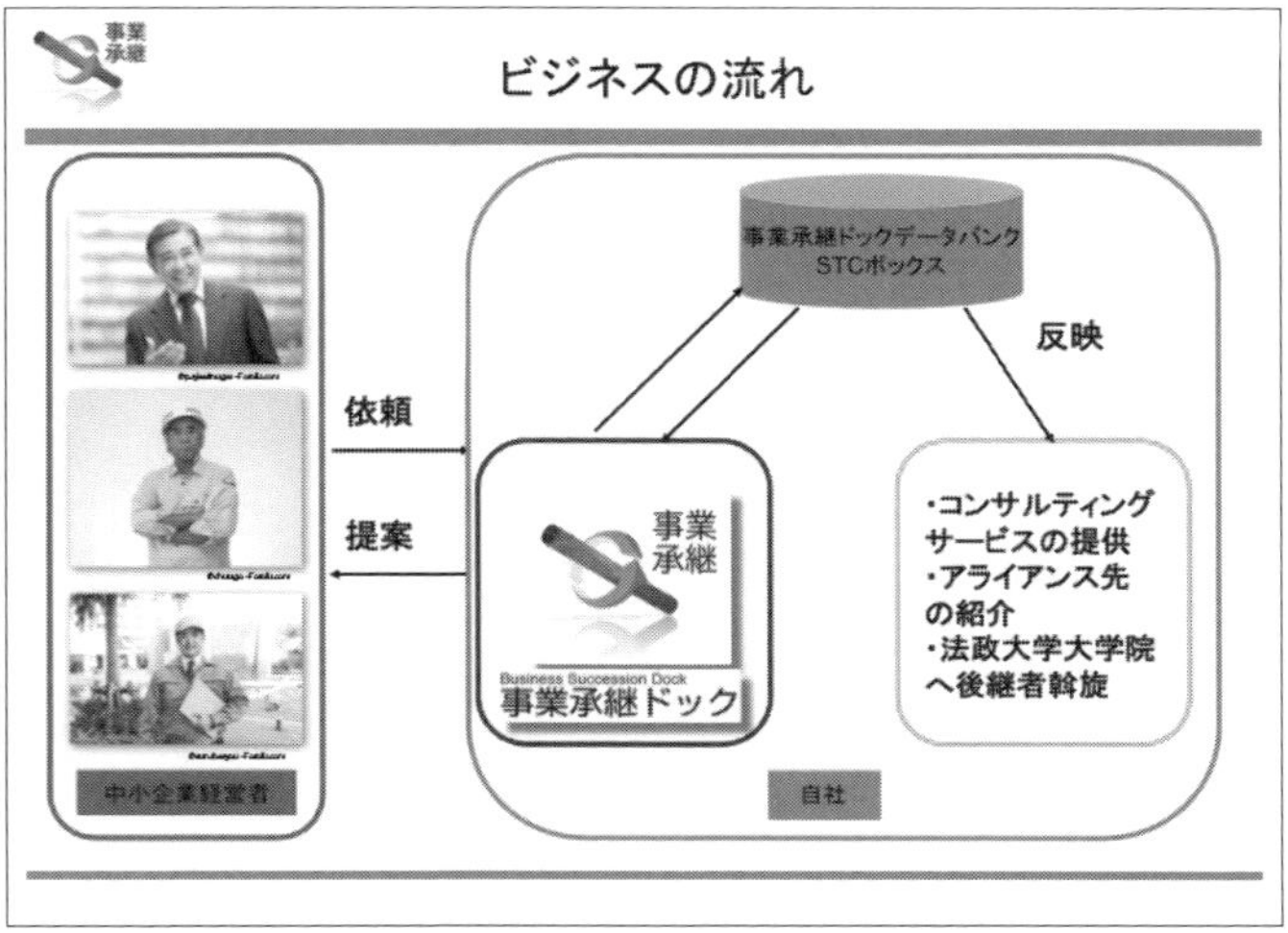

損益計算書

社員4人で5,000万円規模の事業を目指す

損益計算書	1年目	2年目	3年目	4年目	5年目
売上高	8,650,000	19,400,000	29,150,000	39,900,000	47,750,000
粗利益	8,650,000	19,400,000	29,150,000	39,900,000	47,750,000
販売管理費	8,550,000	17,628,000	21,408,000	31,572,000	40,512,000
役員報酬	5,400,000	7,200,000	9,600,000	12,400,000	12,400,000
給与手当	0	3,600,000	3,600,000	8,400,000	14,400,000
法定福利費	0	648,000	648,000	1,512,000	2,592,000
荷造運賃発送費	200,000	500,000	750,000	1,000,000	1,250,000
広告宣伝費	360,000	360,000	600,000	600,000	1,000,000
交際費	240,000	360,000	500,000	500,000	500,000
地代家賃		1,440,000	1,440,000	1,440,000	1,440,000
会議費	50,000	100,000	150,000	200,000	250,000
旅費交通費	480,000	960,000	960,000	1,440,000	1,920,000
通信費	360,000	500,000	600,000	720,000	800,000
消耗品費	100,000	200,000	200,000	200,000	200,000
新聞図書費	200,000	300,000	400,000	500,000	600,000
リース料	360,000	360,000	360,000	360,000	360,000
減価償却費	300,000	600,000	600,000	800,000	800,000
雑費	500,000	500,000	1,000,000	1,500,000	2,000,000
営業利益	100,000	1,772,000	7,742,000	8,328,000	7,238,000
営業外利益	0	0	0	0	0
営業外費用	0	90,000	90,000	90,000	90,000
経常利益	100,000	1,682,000	7,652,000	8,238,000	7,148,000
特別利益	0	0	0	0	0
特別損失	0	0	0	0	0
税引き前当期純利益	100,000	1,682,000	7,652,000	8,238,000	7,148,000
法人税等	40,000	672,800	3,060,800	3,295,200	2,859,200
税引き後当期純利益	60,000	1,009,200	4,591,200	4,942,800	4,288,800

27

投資計画及び売上計画

・初期投資

初期投資額と2年目以降の投資額	初期投資	2年目
システム構築費	300,000	1,000,000
サーバ使用料	100,000	100,000
ホームページ制作費	300,000	
ホームページ管理料金	360,000	360,000
事務所経費		1,440,000
合計	1,060,000	2,900,000

・人材採用

人材採用計画	1年目	2年目	3年目	4年目	5年目
①オペレーション担当		1人	→	→	→
②WEB・システム担当				1人	→
③コンサルタント・営業担当					1人

・売上計画

事業承継ドックプランごと販売件数	1年目	2年目	3年目	4年目	5年目
ベーシックプラン	80	150	200	250	300
アドバンスプラン	15	20	25	40	50
シミュレーションプラン	5	10	15	20	25
課題解決個別コンサルティング	1年目	2年目	3年目	4年目	5年目
個別コンサルティング	2	7	12	17	20

26

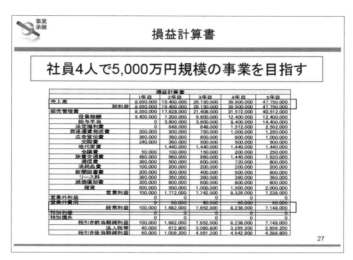

問していきます。その際、「事業計画について説明させていただく」という名目でアポイントを入れます。

③訪問する

事業計画書を説明用1部と、PR用に2部を準備して訪問します。名刺も同じ数用意しましょう。訪問先では、事業計画書に沿って自分の事業の内容について説明するとともに、2部を「知り合いの経営者の方で興味がありそうな方にお渡しください」と渡してきます。

④訪問リストを活用する

訪問が終了したら、いただいたコメントをもとに事業計画を修正します。興味を持っていただけたポイントをまとめて、次の訪問に活かしましょう。その場で人を紹介いただける場合もありますので、そのときはすぐにリストに追加して、アポイントを入れます。

このように、サービスを売り込むのではなくアドバイスをいただくというスタンスで問い合わせをした結果、ほとんどの方が会って話を聞いてくださいました。

私は、「事業承継」をテーマに、若い世代の後継経営者をサポートしようと考えていたため、そのテーマに沿った事業計画をパワーポイント20枚ぐらいにまとめ、事業計画書と一緒に持って行きました。そして、事業計画2部と名刺をお渡しして、「必要そうな経営者の方がいたら、私の事業についてお話しいただけますか?」と付け加えたのです。

□わらしべ長者のようにネットワークが広がっていく

私の場合、これで直接会いに行った会社1社が契約してくれ、また別の経営者からは「この社長に会うといいよ」とご紹介いただきました。今でも、このとき訪問した方々は自分の大きな人脈になり、ビジネス展開にプラスの効果を発揮しています。

事業計画を持って訪問できるチャンスは、後にも先にも独立時しかありません。1年後に食えないからと「事業計画を立てました」と言っても、誰も相手にしてはくれないでしょう。そもそも、仕事が少しでも回り出すと50人を訪問する時間もなくなりますし、相手も単なる営業だと思い、会ってくれなくなる可能性もあります。

コンサルタントほど、仕事のないときに営業しても仕事のこない商売はないのではないかと思うくらい、つらい営業になってしまいます。

これは私自身、実際に行動してみて、これはかなり成功確率が高いやり方だと思っています。まるで、わらしべ長者のようにネットワークが広がっていったのです。

この方法は業種を問わず、独立する方には効果的だと思っているので、よくセミナーなどでお話しするようにしています。そうすると、「50人以上訪問する人がいない場合にはどうするのですか?」とよく質問されます。

仕事に関する人脈が50人に満たない場合には、「前の職場の上司、同僚、取引先、学生時代の友人、恩師など、これからの仕事に関係ない方でもよいので、とにかく50人に事業計画を話しましょう。相手に自分が何をやっているのか認知していただくとともに、今後の事業展開の糸口をつかむことが大切です」と答えています。

友人、親せきを含め、50人が思い浮かばないという方は、独立して成功するには至らないことが想定されます。独立を先延ばししてでも、異業種交流会に出たり、知り合いの経営者をつてに話を聞いてくれる人を増やしながら、計画を練って独立したほうが懸命でしょう。

これまで、さまざまな業種の独立、創業支援を行なってきましたが、この50人訪問のミッションを達成した方は皆、順調に創業のスタートを切っています。

「安くチラシを請け負ってくれる会社を紹介してもらった」「いい仕入れ先を教えてもらった」「行列のできているお店のやり方について詳しい方を紹介してくれた」など、自分の足で稼いだ情報は、独立当初のお金をそれほどかけられないときには有効になるのです。

これはコンサルタントも一緒です。50人に会いに行くことにより、結果として**事業計画はブラッシュアップされ、見込み客を作っていく**ことになります。

また、そのときお客様になってくれなくても、地域でコンサルタントをしていると、何らかの関係ができてくるものです。この意味を理解できる人が地域でのビジネスに成功する人だと、実感しています。

□事業計画を立てると起こる効果

お客様の事業計画策定を支援するコンサルタントは多いものの、事業計画を月次で立案して、計画的に運営している人は少ないのではないかと思います。コンサルタントは1人でビジネスができるので、それほどの計画がなくとも、人気が出れば運営できてしまうのです。

ただ、この計画を作って取り組むかどうかが、その後の成長発展のキーになります。計画を立てて月次で管理していくことにより、**営業だけでなく事業の成長発展、自分の成長のメルクマールにも使える**のです。

私は、サラリーマン時代から「成功ノート」という独立に関することを記載するノートを作っています。８年前から書き始めて、今では４冊目となりました。

最初は思い立ったことを何でも記載しておく程度でしたが、ある頃から将来のビジョンや目標を強く意識して記載するようになりました。なぜなら、そこに記載してある内容は、多少の時間差はあるにしても、おおかた達成しているということに気づいたからです。

よく「紙に願いを書いておくと達成する」などと自己啓発本に書いてありますが、私はそのときの思いや、やりたいことをノートに書き綴ってきました。これが驚くほどに効果があるのです。年収や売上などの細かい数字にズレはありますが、行動目標はほとんど実現しています。

29歳のときに書いてあった内容として、「37歳のときに、中小企業診断士成功本を出版する」とありましたが、これを執筆している今、ちょうど37歳です。

こういうことが時間を超えて起こってくるのです。通常の企業の事業計画を作って成果が

著者が29歳のときの成功ノート

29歳のときにやるべきこと ・中小企業診断士1次試験合格 ・読書50冊 ・スポーツジムに通う ・年収600万円 30歳のときにやるべきこと ・中小企業診断士資格取得 ・MBA取得 ・英語の勉強をする ・銀行業務を完璧にマスターする 31歳のときにやるべきこと ・若手経営者の会を立ち上げる ・海外ビジネスの勉強を始める 32歳のときにやるべきこと ・銀行退職 ・独立の準備を行なう ・起業に対して具体的行動を起こす	33歳のときにやるべきこと ・独立する　コンサルティング会社を設立する →クライアント数20社 売上高1,000万円 34歳のときにやるべきこと ・クライアント数50社 ・年収1,000万円 35歳のときにやるべきこと ・事業会社を立ち上げる ・クライアント数100社 ・レクサス購入 36歳のときにやるべきこと ・海外に人脈を築く ・年収1,500万円 37歳のときにやるべきこと ・本を出版する。「経営コンサルタントで独立する」独立成功法則 ・家を建てる ・年収2,000万円 ・セミナー講師も引き受ける

出るのと一緒で、毎年、自分のやりたいことややるべきことを検証して行動していれば、おのずと結果に近づくといった不変の法則なのだと思います。

□コンサルティングの現場でも役立つ成功ノート

成功ノートという事例で計画を立てる重要性を説明しましたが、当然、事業計画がある会社のほうが、事業計画がない会社よりも業績がよい傾向にあります。独立前後の方には、このノート形式で事業計画を作っていくことを習慣化することをお勧めします。

ビジョンや将来計画からサービス内容、目標、数値を自分の好きに考えていくのです。そして、それらを事業計画としてまとめ、営業に活用するのです。

時間をかけて書き溜めたものはより中身が深くなるので、事業計画にしたときに相手の興味も引きやすく、そのお客様の人生そのものの計画となっていきます。したがって、賛同する人を募りやすくなるし、やりたいことについても時間軸を持って決めていくことになるので、やるべきか、やらざるべきかの判断材料にもなります。

また、独立・起業は自分の家族もリスクを負うことになるので、当然、事業計画は家族も考慮して立てることが大切だと思っています。

その中身については、「何歳で、どこに家族旅行に行く」といったファミリーの計画についての記述も当然あってもよいと思います。

そして、当然のことながら、事業計画は時とともに変化します。独立して3カ月目の私の成功ノートには、「独立して3カ月が経った。忙しすぎる毎日だが、思っていたより成果は上がっていない。このままいくと、あと3カ月で資金は底をつく。どのようにマネジメントしていくかもっと真剣に考えなくては。とにかく外に出て毎日訪問しよう。その他には執筆やセミナーについても研究しないといけない。7月30万円、8月40万円必ず達成してみせる」と記載してあります。

達成度も変われば、目指すべき方向性も変わってくるはずです。最初は1人でスタートしても、引き合いが多く1人でこなせないときには、アシスタントが必要になってくるし、自宅で開業しても事務所が必要になることもあります。

そんなときも、常に事業計画をベースに行動をしていくと、おのずと取るべき手段も明確になってきます。

03 無料相談をやめる

□無料でコンサルすることは本当の貢献とは言えない

独立したてのコンサルタントは、どうしても「無料でもいいので、とりあえずやらせてください」となってしまいがちです。

現場経験がものを言う職業であるために、実績を積むことが何より一人前になるための近道なことは確かです。私も、独立したてのときに「無料でいいや、経験になるから」と考えて無料コンサルタントをやっていたことがあります。

ただ、当然のことながら、いつまでも無料コンサルタントをしていると、食えないコンサルタントになって「独立しなければよかった……」という結果に陥ってしまうのです。

このような「**ボランティアコンサルタント**」にならないためには、どうしていけばいいのでしょうか？

まずは、**無料でコンサルティングを行なうのをやめると決める**ことです。とにかく、サービスを提供した対価としてきっちりと報酬をいただくことを徹底しましょう。

コンサルタントに依頼をする会社の中には、明日の資金繰りが回らない状況で、報酬を支払うことが容易ではない企業もあります。そのような会社からお金はもらえないと思い、「報酬はいいですよ」と言ってしまいがちです。そして、いいことをした気になり、「自分は社会に貢献している」という勘違いをしてしまうのです。

しかし、ここで大切な点は、お客様のほうは「無料でサービス提供してもらえた程度のもの」と考えている、ということです。そのため、成果も出づらくなってしまいます。

□有料での3社からすべてが始まる

また、最初の3社を有料で、しっかりとサービスを提供することにより、コンサルティングの内容や集客の手法など、お客様のツボを踏まえながら、効果の出やすいサービスメニューを構築していくことが重要となります。

独立当初は、この有料の3社から依頼を受けるのが、相当ハードルの高いことでした。こちらもコンサルティング契約自体、初めての経験です。とにかくコンサルティング提案を聞いてくれる経営者の方に提案をし続けて、最後は「月額2万円で、何とかよろしくお願いします」と営業をしていました。

この3社にサービスを提供する中でも、今後の事業計画を踏まえて仕事を進めていかないと、いずれ下請けばかりで仕事がこなくなり、ボランティアコンサルタントになってしまう可能性も高くなってしまいます。

では、具体的にどのようにして成果を3社で提供すればよいのかというと、**地の利を活かし、訪問頻度を上げて、手厚くサービス提供を行なう**ことが必要です。

導入時期のコンサルティングは回数を多く設定して、お客様の現状を把握できるように努めます。短時間の訪問も含めて、とにかく接点を増やして幹部社員や従業員ともコミュニケーションを取るようにします。

経営分析やマーケティング手法をたくさん知っていても、年配の社長と奥さんで運営していて社員も数名という会社には、そのようなコンサルティングはあまり効果がありません。その後の依頼を獲得していくためにも、地の利を活かした迅速かつ料金以上のサービスを提供することが何より大事です。

やってもいい無料診断サービスとは?

地域で固定のお客様がつかないと、ボランティアコンサルタントになってしまうというお話はいたしましたが、**戦略的に無料でサービス提供する**ことは、地域一番になる1つの要因になりえます。

ボランティアコンサルタントにならないという前提、つまり売上がきちんと稼げて、さらに自分のサービスに余裕が生まれてきたときに、無料診断サービスを行なうことは長期契約を結ぶきっかけにもなっていきます。

特に自分が契約したい、地域の経営革新企業などである場合には、回数やテーマを決めて「最初の3回までは、お試しです」と言って無料でサービス提供することも、集客を図るうえでは有効です。

無料診断サービスのポイントとしては、**無料の範囲をきちんと最初に決めておく**ことです。例えば、「訪問3回まで」とか、「簡単な診断キットの活用」などが挙げられます。あくまでお試しとして、提供するのです。

ただ、このお試しをきちんと品質高く行なうことが、その後の取引に結びついてきますので、やる以上は有料のサービスと変わらないエネルギーを注いで対応します。

事前にサービス提供を行なう前に、「無料サービスがよければ契約を結んでもらう」「有料のサービス提供が通常である」という点を伝えておくことも必要です。

無料の範囲を超えた場合には途中から有料になるなど、コミュニケーションを取りながら進めていくことが重要です。基本はこちら側の意図を理解してくださっているお客様を中心に対応しましょう。あまり無料診断サービスを前面に打ち出してしまうと、ボランティアコンサルタントになりかねませんので、注意が必要です。

無料サービスは直接面談を行なっているときや、紹介者を介して伝えるほうがよいでしょう。紹介者も「最初、無料で簡易サービスを提供してくれるらしいよ」ということであれば、紹介しやすくなります。

04 地域でKYコンサルタントにならないために

□「先生」と呼ばれる恐怖

ある経営者に紹介されて行った会社。相談があるのかと思いきや、社長から「コンサルタントに何ができる」と2時間、説教じみた話を聞くことになったことがあります。独立当初は、このようなケースにしばしば遭遇します。

ただ、この過程で何を学ぶかが、その後の成否を決めると言っていいでしょう。なんとか食えるようになった今、独立当初の嫌な思いはたくさんしたほうがいいと言い切れます。その頃の経験が次の事業計画へのヒントになるからです。

そして、ある程度経験を積んでいくと、今度は「先生」と呼ばれるようになっていきます。**コンサルタント業は、この「先生」と呼ばれるのが曲者です。**「先生」などと呼ばれると、大抵の人は調子に乗り、えらそうになってしまいます。「先生」は場の空気を読まなくても、周りから注意をされません。言葉を変えると、コンサルタントの先生には表向き誰も、アドバイスや意見を言ってくれなくなるのです。

そのような状態が何年も続くと、**「KY(空気読めない)コンサルタント」**に自然になっていってしまうのです。

私の場合、独立したのが32歳と若かったために、年配の経営者が親心でいろいろとアドバイスをしてくださったのもよかったかもしれません。

□常に経営者と同じ立ち位置にいることが大事

心がけるべきは、コンサルタントとして独立する時点で、知識やスキルは持っていて当然であり、その知識等をひけらかしたりしないということです。お客様である経営者は、どんなに小さな会社でも、リスクを抱えて経営を行なっていることに変わりはないのです。この点を忘れてはいけません。

私は、コンサルティングを行なううえで、**お客様に「先生」と呼ばせないことも必要**だと考えています。とにかく「先生」になった時点で、経営者とは別の立ち位置になってしまいます。自分も起業家として、経営者の視点で物事を見る癖をつけていくようにしましょう。

「先生」になってしまうと、お客様の課題が解決されなくても、枕を高くして寝られるようになってしまい、「お客様の課題＝自分の課題」という認識が薄れてしまうことになります。そういった意味合いからも、独立したてのコンサルタントは、**まずは聞き役に徹すること**をお勧めします。

経営者は孤独です。それゆえ、信頼して相談する相手が必要です。コンサルタントとして独立するぐらいの知識とスキルがあれば、経営者の難しい課題の相談相手になることはできるはずです。まずは聞き役に徹して、信頼関係を築いてから、自分のサービスを提供しても十分に遅くはないのです。

地域でKYコンサルタントになると、地域の会合などにも誘われなくなり、その後の人脈形成やそこから派生する仕事にも携われなくなります。そうなると、ボランティアコンサルタントになるか、再就職先を探さなければならなくなってしまいます。

お客様に対して敬意を払う、上から目線になっていないか確認するなど、地域でKYコンサルタントにならないような心がけは、常日頃から持っておいてください。

05 地域の拠点を制覇する

□キーポイントは商工会議所・商工会・金融機関

独立して事業をうまく軌道に乗せるには、地域の中で企業情報が集る拠点との連携が必要になってきます。東京であれば、企画会社とタイアップしてセミナーを開催したり、出版社からの依頼で記事を書いたりして知名度を上げられますが、地域にはそのような機能を持つ機関、会社は少ないのが現状です。

したがって、地域の拠点とのタイアップはどうしても欠かせないことになってきます。私も、栃木県内の地域拠点とは常に連携して企業支援を行なっています。

では、どのような機関と連携が必要になるかというと、**1つ目は支援機関と呼ばれる商工会議所や商工会、2つ目は金融機関**です。

①商工会議所・商工会

商工会議所は、市など一定のエリアで地域の商工業者を会員として組織されている団体のことで、中小企業の支援、地域振興をサポートする目的で事業が行なわれています。国、県の中小企業向けの施策を実行したり、中小企業の日々の業務をサポートしてくれます。

一方、商工会は町村の区域に設置され、同じように中小企業支援を目的としています。地域企業に多い、小規模企業が会員に多いことが特徴です。

これらは会員企業を有しており、お客様を紹介してくれることも数多くあります。ただ、商工会議所が会員に変なコンサルタントを紹介することはできません。すぐに仕事を紹介してもらおうとしても、新人コンサルタントとしては非常に厳しいというのが現実です。

まずは知り合いのコンサルタントに紹介を依頼するなどして、専門家として自分に何ができるのかを登録しておく作業が必要になってきます。この作業は結構、重要です。

中小企業診断士であれば、各県の士会を通して登録できます。そうでない場合には、知り合いの経営者を通じて地元の商工会議所、商工会を紹介してもらい、企画等を提案するとよいと思います。

セミナー、研修、コンサルティングについても、毎年予算を確保した施策があるために、企画の提案や、売り込みを継続的に行なっていると、どこかの段階で小さいながらも仕事をいただけることになると思います。

仕事をいただいてからは、本章の3項で記載した通り、しっかりとした仕事をやっていくことで、その次の仕事につながっていきます。

これら地域機関との関係性をうまく使って、地域の企業同士のタイアップを企画するなど、ともに企業支援を行なっていくなどの取り組みが可能になります。

また、本章の2項でお話しした「50人を訪問する」際も、この拠点をそれぞれ訪問先に入れておくことがポイントです。

②金融機関

近年、地域の中小企業支援の枠組みの中でその役割が期待されているのが、金融機関です。金融機関とのネットワークを持つことができると、地域一番に最も早く近づけます。

金融機関には地域の企業情報が最も集約されており、資金繰りの必要性から、関係も密接と言えます。金融機関には取引先の企業からさまざまな課題が相談事案として持ち込まれています。したがって、金融機関とは積極的に連携を図っていくことをお勧めします。

そうは言っても、なかなか金融機関とのネットワークがないという方も多いと思います。例えば、金融機関に勤務している知人を訪ねたり、異業種交流会等で知り合った経営者から担当者を紹介していただくなど、地道な活動を積み重ねていけば、関係性を築くことは十分に可能です。

金融機関は閉鎖的で取っつきにくい業界でもあるので、関係性作りに嫌気がさして途中でやめてしまう方も多いのですが、地域には限られた数の金融機関しかありません。中長期的な関係性作りを目指して対応していくことが望ましいと思います。

金融機関の側から見れば、地域で活動しているコンサルタントはなかなか宣伝をしないためにどのように依頼すればよいのか、誰が信頼を置ける人なのかが認知されていないのが現状です。

直接企業を紹介してくれるのは、各支店の担当者です。企業の社長との関係性を取り持ってくれるのも担当者ですので、連携できる関係性を日頃から築いておきましょう。

平成24年5月に、金融庁から地域金融機関に対して「コンサルティング機能の発揮にあたり金融機関が果たすべき具体的な役割」として監督指針が発表されています。この中で、外部のコンサルティング機能との積極的な連携を行ない、地域企業の課題を解決していく旨が記されています。

このことからも、今後、地域金融機関がさらに地域の有能なコンサルタントを探す時代になってくることがうかがえます。独立前から金融機関との連携は考えておいたほうがよいでしょう。

地域連携機関とのタイアップにおいて重要なのは、**まずは知ってもらわなくてはいけない**ということです。地域は非常に狭い世界のため、ある会社の報告書の出来がよく融資の審査に役立ったなど、金融機関内部で評判が高まるといった効果もあります。連携した機関との関係性は、後々倍になって効果が表われると考えて行動しましょう。

06 経営者との接点を作る

□集客のパイプライン

集客のパイプラインとは、お客様を継続的に獲得していくための営業活動における流れのことです。

私は、地域で継続的に集客していくために、次ページの図のような概念で、見込み客から月次サービス提供先になるまでの流れを作ってきました。

・**潜在層**……面識のない、自社のサービスにニーズのある経営者、後継経営者
・**指名層**……勉強会や無料セミナーなど、リアルの接点を持つ経営者、後継経営者
・**スポット層**……キラーコンテンツなどのスポットのサービスを利用していただいている経営者、後継経営者

仕事につながるまでの集客のパイプライン

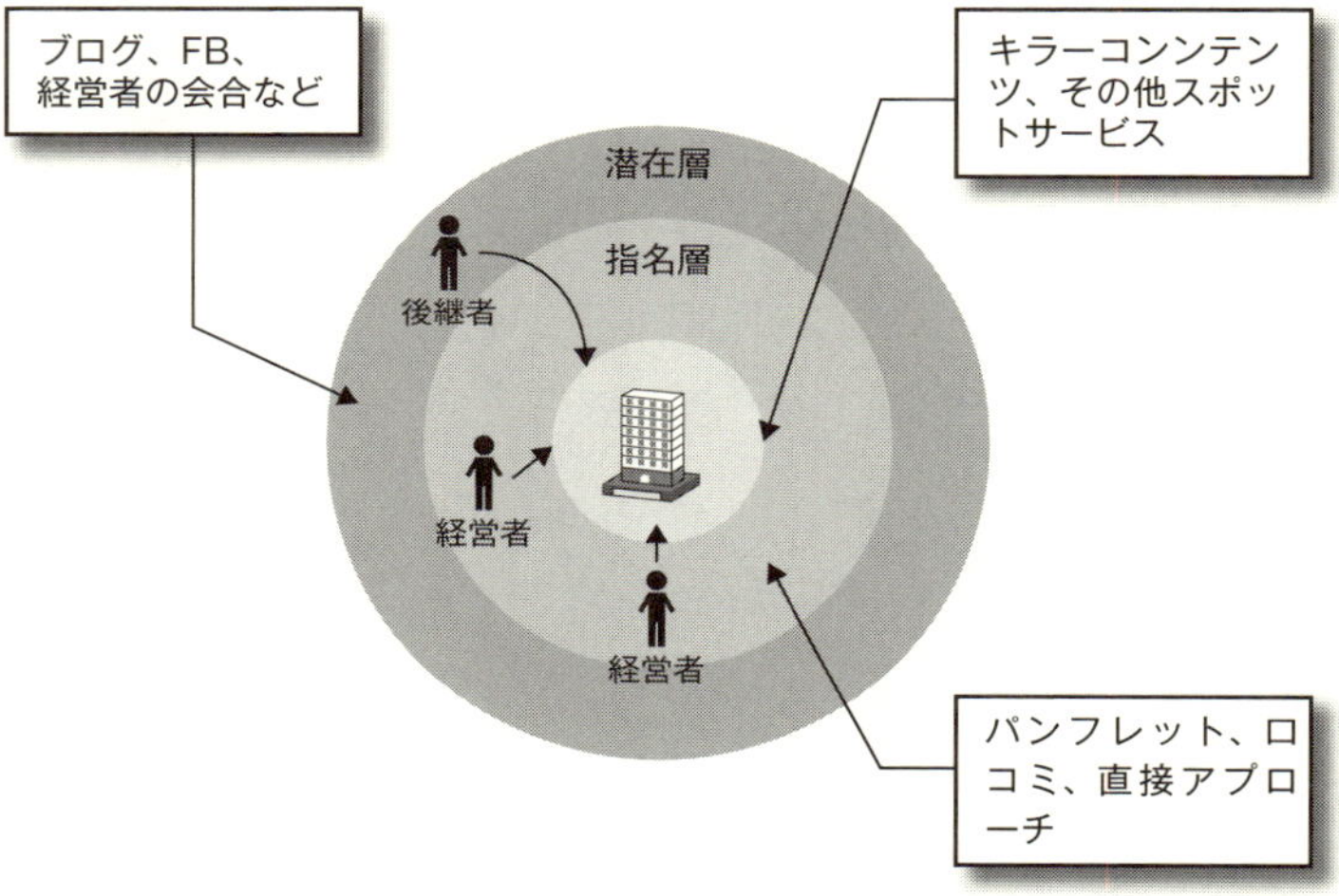

5人に依頼してもらうために100人と接点を持つ

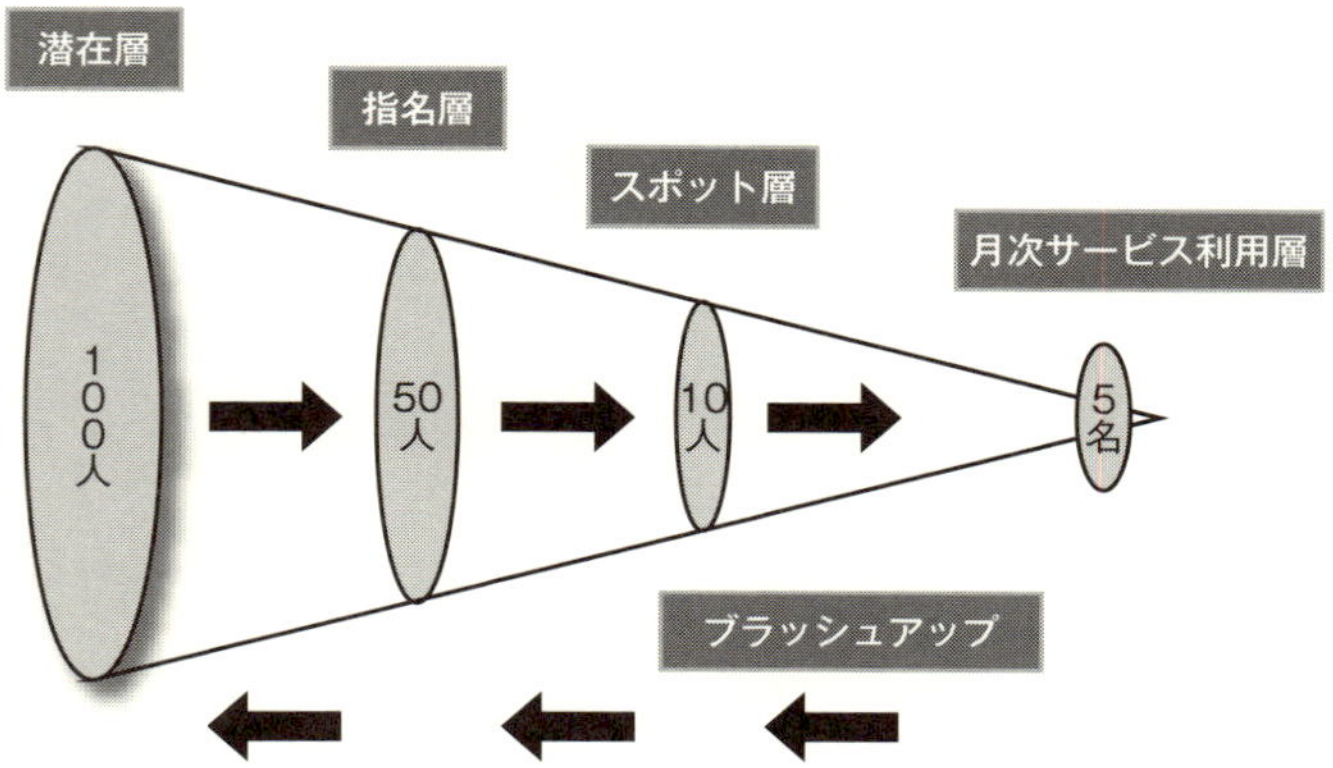

・月次サービス利用層……月次サービス契約をしていただいており、我が社との中長期的な関係性を持っているお客様

独立当初から、この流れの中で安定的に月次のお客様を増やしていくことを常に念頭に置いて、経営者との接点を数多く作るようにしていました。最終的には、5社の月次サービス利用者を探すには、100人以上の経営者に自分のサービスを知っていただく必要があると実感しています。

提供するサービス内容の中身をブラッシュアップさせることはもちろんのこと、潜在層、指名層を増やすために、経営者の方と接点を持つ活動をしていくことは、集客において必要なことです。

本書でお伝えしてきた「50人を訪問する」「支援機関の紹介」など、経営者との接点を増やす努力は、安定したお客様増加を図るうえでは必要不可欠なことです。

□一番の情報源は経営者

活動しているうちに、現場が最高のスキルアップの場所だと気がつくことでしょう。

地域で中小企業の現場を数多く経験すると、大量の情報が入ってくることになります。月次の場合、会社が1カ月に活動して集約した情報が、お客様のほうからもたらされるのです。また、直接お客様に質問して、業界の特殊な慣例や特定の会社の評判などを収集することもできます。

地域でコンサルタントをやるには、どれだけ現場から情報が得られるかが重要なのです。

地域のお客様のニーズに合うコンサルティングを行なうためには、**常に経営者との情報交換の場を作っておかねばなりません。**

異業種交流会、商工会議所の青年部、青年会議所、ロータリークラブなど、それらの機関に加入するか否かは別として、それぞれの会でアプローチできる同年代の経営者を探しておくことが大切です。

私も、それぞれの業種、分野に特化した経営者とのネットワークは常に持つようにして情報交換の機会を求めています。毎回、お金では買えないような旬の情報が入ってきて、日々のコンサルティングに役立っています。

07 経営者の心に響く提案の方法

□知識やテクニックだけでは解決できない

地域企業の経営者はいろいろと提案されることが好きです。常に1人で考えたり、悩んでいますので、その課題を解決する方策を提案してくれると聞けば、前のめりで聞いてくださいます。

取引を長く続けるためにも、**提案の方法は常にブラッシュアップしていく**必要があります。経営者は、表層的な分析やテクニックでの解決にはあまり興味を示しません。経営者は勉強をしていますので、表層的な課題は知っていますが、それが実践できないから悩んでいるのです。

経営者の心に響く提案のポイントは、以下の通りです。

①解決策を一緒に実行できる仕組みを提案する

例えば、経営者の参謀としての役割を担う内容にして、疑似的な経営幹部としての立ち位置でサポートします。例えば、飲食店であれば経営計画の進捗、設備投資に伴う新店舗の運営など、経営の根幹を担う役割を依頼されることもあります。

②経営者の弱い部分を補てんする提案を行なう

地域企業の経営者は、それぞれ十人十色です。得意分野も違えば、苦手な分野も違います。経営者の苦手な部分をサポートする内容は、将来のアウトソース受託につながりますので積極的に提案しましょう。営業が得意な社長には、会計、財務分野、管理が得意な社長にはマーケティング体制の構築などが挙げられます。

③経営者の家族や、従業員の将来を考えた提案をする

間違っても一方的な人員削減や、不採算部門の縮小などを初めに提案してはいけません。まずは経営者、従業員の生活、将来を見据えた提案をしましょう。

④時間軸を持って提案する

地域コンサルタントは、常に5年、10年の視点を持ってサービス内容を考える必要があります。経営資源の限られている地域企業にとっては、短期的な視点の改善よりも、あるべき姿をしっかり見据えた長期的な提案のほうが受け入れられやすく、実際、長い目で見た場合に効果が高いのです。

今後は、会社の買収や事業の統合、家族経営の企業の事業承継など、より複雑な課題の解決を求められていくことが想定されます。これらの解決方法は、なかなか計画通りにはいかないものです。時間をかけて長期でコンサルティングしていく必要があります。

□緊急の課題解決から平時の課題解決に

コンサルタントは最初、代打やストッパー的な仕事を依頼されることが多いです。経営者からすれば、どれだけやれるかわからない段階で、会社の命運をどこまで託していいのかと思うのは至極当然のことです。

そのため、最初に圧倒的な実績、感動をサービス提供の中で生み出す必要があります。

そういった意味においても、**緊急時に相談されたときこそチャンス到来**です。とにかく、無茶ぶりに近い相談を、冷静に淡々と整理して、驚くような成果を上げることです。驚くような成果というとハードルが高いと思われますが、さまざまな方法があります。

- **自分の人脈の中でお客様を紹介する**
- **交渉ごとに立ち会う**
- **従業員さんとの面談に参加する**
- **忙しくてできない業務を手伝う**

こういったところから、信頼関係や思ってもみない成果が表われます。こうして書き出すと簡単なことに思えますが、かなり会社の内部に深く入り込む必要が出てきますので、一気に会社の現実が見えてきます。いわば、現状分析のようなものです。

緊急時の対応を円滑に進めて、サービス内容を平時にうまく移行させることが腕の見せ所です。

ただし、365日緊急時の対応ばかりだと対応しきれなくなりますし、件数にも限りもありますのでビジネスとして確立するのが難しくなってきます。

そこで、平時のモニタリングや行動サイクルの構築を行なって、平時のサービス提供に移行していくのです。

ポイントは、テーマに流れをつけていくことです。**1つの課題を解決したら、次のテーマというように次々にテーマを変えて改善を図っていきます。**「会社は課題の固まり、課題のない会社は成長しない」という言葉がある通り、次から次へと課題を設定して改善していくのです。

これを続けて1年経つうちに、時間差はありますが、どの会社も大抵、業績が上昇してきます。これは本当に不思議なことです。

料金とサービスに満足していただければ、**リピートコンサルティングが次第に増えていきます**。しかも、一度支援しているお客様のため、いろいろな状況を把握しているのでサービスを提供しやすく、成果もある程度読めるようになります。

08

地域で求められる営業戦略

□地域を知るためにはどうしたらよいか？

地域を知ることは意外に難しく、地道な作業が必要になります。実際に会って収集した情報やいただいたアドバイスの中から自分の強みと地域性、ニーズを踏まえた戦略を組み立てていかなければなりません。

地域に受け入れられるオリジナルのサービスや価格設定を行なっていくために、次のポイントを踏まえて営業していくことが大切です。

①地域は「人」をベースに構成されている

まず、地域を知れば知るほど、「誰に知られているか」「誰と知り合いか」といったことが重要になってきます。いまだに地域は一部の発言権の大きい人たちによって運営されているのが実態です。あの社長がいいと言えば、それがよい評判になって伝わる、といったことは多々あります。

コンサルタントとして売れれば売れるほど、注目度も増していきます。その際に、地域の人脈は、信用を高める役割や、事業をやりやすくする要素の1つになっていきます。私に相談してくる経営者の方も、「○○銀行の担当者の方から」「××社長からの紹介で」といって来られる方がほとんどです。

地域で開催されている、商工会議所の役員や倫理法人会などの会合などに一通り通って、誰が、どういった会で活躍しているのかを把握することは営業戦略上、重要です。私も3年目ぐらいまでは、このような経営者の会には積極的に顔を出して、地域の経営者の考え、事業内容を知ることに努めました。そのことがここ最近の仕事の広がりにつながっています。

最初は場違いなところに来てしまったな、話すことがないし早く帰りたいなと思っていました。しかし、3回、4回と参加するたびに皆さんとの関係を築いていくことができました。慣れるまで経営者にしぶとくコミュニケーションを取っていくことが何より重要です。

②さらにエリアを絞って攻める

地域の中でさらにエリアを決めて、自分なりに分割していくことも大切なことになります。経営理論に、地域戦略はエリアを細かく分け、その中でシェアを高めて「地域一番」になっていくという考え方があります。

コンサルタントにもこの考え方は当てはまります。特に地域を特定して活動していくためには、地域をさらに分割してエリアごとに対応することが必要になります。

エリアを区切って対応していくと、エリアが抱えている独特の課題がわかってきます。例えば、「ある地域では観光をテーマにしたビジネスを興す企業を求めている」「ある地域では小規模の起業家を養成したい」といった、かなり地域色の強いニーズが出てきます。

さらに、得た情報に対して調査したり、自分なりの意見を述べたりして、相手に投げ返すことでビジネスにつながっていきます。地域内で密なコミュニケーションを取ることにより、何かあったときに真っ先に相談をいただけるようになります。

③相乗効果を演出する

あるエリアで知名度が出てくると、この流れを他のエリアにも同じ方式で展開していくことができます。地域には、青年会議所、商工会議所青年部、商工会青年部というようにエリアごとに同じような機能を持った組織団体があります。それらの団体にアプローチをかけて、1つのエリアでの実績をもとに提案を行なうことにより、一から努力することなく受け入れてもらえることになってきます。

最初は「点」での関係を結んでいくことになっていきますが、実績ができれば、「面」での営業展開が可能になってきます。この「面」の営業展開ができるようになると、後述するようなビジネスマッチングや、紹介が紹介を生む好循環につながり、自ら仕事を創り出すことが可能になってくるのです。

④地域は階層に分けていく

階層というと、「上があって下がある」というイメージを抱く方がいらっしゃるかと思います。しかし、ここで言う階層とは、「考え方」の層と理解していただきたいと思います。

よく、経営者として成功するためには「鳥の目、虫の目、魚の目」が必要と言われます。地域において成功するには、この視点がより大切になります。

私は「鳥＝国、虫＝県、魚＝郡、市町村」と定義付けしています。何の事業、業種でもそうですが、国が示している方向性、県が実施しようとしている施策、市町村が行なおうとしている具体的施策やイベント等を、階層に分けて情報整理していく必要があります。

この階層に応じて、地域に情報や方針が伝えられていきます。当然、私たちのお客様である中小企業に対してもそうです。したがって、鳥の情報を得るために必要な機関、虫の情報を得ることが必要な機関、魚の情報を得ることが必要な機関をそれぞれ自分の人脈の中に作っていくことが必要になります。

具体的には、鳥の情報は東京で活躍するコンサルタントの知人や大学の先生、虫の情報は県の各機関、地域の新聞、魚の情報は地域の有力企業の社長といったところです。

⑤深入りして、囲われるな

地域に深く入り込むことにより、気をつけなければいけない点があります。それは、深入りしすぎて、その他の地域に活動範囲を広げることができない状況に陥ることです。

前にボランティアコンサルタントのお話をしましたが、地域に深く入り込み、仲がよくなると、どうしても無料でアドバイスを受けようとする方も出てきます。

どのエリアにおいても、一定の距離を保ち、自分のサービスを受けるには一定のお金がかかることを理解してもらうことが必要になってきます。特に地域を限定して、関係性ができあがってしまうと、なかなか料金を請求しづらくなってしまうこともあります。地域ではコンサルタントにお金を支払うといった感覚はまだまだ浸透していないのが現実ですので、意識しておいてください。この点に関しては、次章で詳しくお伝えしていきます。

09 いつでも仕事を受けられるコンサルタントはいいコンサルタントではない

□お待ちいただく余裕も必要

コンサルタントという職業は、一度に1社にしかサービスを提供できません。常に提供できる上限が決まっています。旅館の部屋数のように埋まってしまえば、それ以上のサービス提供はできないのです。

したがって、**いつまでも断らない状況を続けていると、パフォーマンス、すなわち顧客満足度に大きな影響を与えてしまいます。**

ただし、断り続けたことによる悪評判も地域では気をつけなければなりません。紹介する側とすれば、よかれと思って紹介したにもかかわらず断られてしまったわけですから、二度とチャンスはなくなると思ったほうがよいでしょう。

断るときには、細心の注意を払ってうまく断っていくことが必要です。そのためにも、どういった仕事を受けるかを逆に決めておくことです。

また、断るだけの仕事量の依頼がないということはマーケティングがうまくいっていないか、地域内での情報発信、サービス設計がうまくいっていないということです。つまり、仕事が来れば忙しいが、終わると暇なので営業にいそしむといった**お客様依存型の受注形態になっていってしまう**ことになります。

そのため、独立後、仕事が取れ出した辺りから、**一定の期間お待ちいただく余裕を作っていく**ことが必要になります。

地域でやるには、流行っている飲食店のように常に行列を作り、繁盛店のイメージを出しておかないと、次のお客様をこちらから探しに行かねばならず、質の高いコンサルティングサービスの提供が叶わなくなってしまうのです。

私の場合は、すぐに支援に着手できないときは、きちんと事情を説明して先延ばしさせていただくようにしています。それが、質のよいサービスを地域で提供するうえでとても必要なことになります。

□断る勇気を持つ

地域一番コンサルタントになるためには、お客様に成果を出し続けていかなければなりません。当然、依頼の時点で「これは成果が出ない」と思ったときには、勇気を持って断ることも必要です。

したがって、仕事を受ける基準、断る基準をきちんと定めておかないと、ずるずると曖昧なコンサルティングを行なうことになってしまいます。私の場合、仕事を受ける基準としては、以下のことを決めています。

①**ゴールを明確にする**……考え方、今回の課題解決におけるゴールに対して共通認識を持つことができるか

②**提供できるサービスが相手にとって本当に有益か**……自分の提供できるサービスが相手の規模や要求に対して実現性が高いか、また相手がお金を支払ってもそれ以上のメリットがあるか

③**価値観が一致して、当社の経営理念に沿った支援となりえるか**……自分の考え方、企業理念に合った事業、サービスにしか支援は行なっていかない

断る基準としては、以下の点が挙げられます。

①自社のメリットのみを考えている社長……業績不振の責任は外部環境や自分以外にあると思っている社長

②料金について成果報酬を切り出す社長……身銭を切らない経営者は改革真剣に取り組まないことが多い。飲食店でも「うまかったら金を払う」という客には、誰も料理を提供はしないはず

③明らかに改善が無理、継続が不可能な会社の依頼……業績が悪ければ悪いほど企業はコンサルタントの話を鵜呑みにしやすく、占い師的な位置づけになることがある

何でも仕事を受けるコンサルタントは、本当の意味でプロではないと言えます。コンサルティングしていく中で信頼関係が築けず、成果の上がる提案ができなければ、存在自体が無意味なものになってしまいます。

3章

地域で受け入れられるサービス・料金設定

01 サービス・料金設定で大手コンサル会社との差別化ができる理由

□地域密着だからこそ可能な差別化

これから独立を希望される方や、独立したての方にとっては、具体的にどのようなサービス・料金設定が必要かは関心の高いことだと思います。私も独立当初は、「他のうまくいっているコンサルタントはどうやっているのだろう」と疑問でした。

コンサルタントは「売上＝粗利益」のビジネスです。**そこから事務所代、交通費を差し引いた金額が自分の取り分**となります。

私も、独立したてのときは経験もなかったため、１つの報告書や計画書をまとめるにも膨大な時間がかかりました。「あれでこれくらいの金額しかもらえないのか……」と、売上１０００万円のハードルの高さに愕然としたときもあります。書類や報告書作りに品質のよいもの、中身の濃いもの……と時間をかければかけるほど、営業する時間もなくなり、独立前に描いていた夢はもろくも崩れていきます。

地域では、コンサルタント自体が少ないため、基準や事例があまりありません。そうした中、地域コンサルタントがサービス・料金を設定するうえで、大手コンサルタントとの差別化要因を打ち出していくためには、どうしたらよいでしょうか？　ポイントは、以下の3つになります。

①お客様との関係性

地域コンサルタントは、お客様と共有できる時間・回数が多いため、お客様のことをよりよく知ることができます。さらに、会社のさまざまな課題や、地域での人脈などを共有して関係性を築いたうえで、十分な情報を持ってサービス提供ができますので、うまくいく確率も自然に向上していくというわけです。

②費用対効果

費用については、これまでも述べてきたようにリーズナブルな価格でサービスを提供できます。地域の中で多くの会社をお客様にするため、効率よく訪問でき、1社からいただく料金も低く設定することが可能になるのです。

③サービスの提供内容

コンサルタントは現場の実績が重要ですが、現場の数を多くこなすことにより自分の提供できるサービス内容が広がり、相談の数も増えてきます。さらに、お客様に信頼されると、自分の専門分野以外についても相談を受けることになります。これが広がっていくと、相談が数多く寄せられ、地域で見込み客が増えていくようになるのです。

□大手コンサル会社ではできないサービスを売りにする

ここで重要なのは、**一方的な情報の伝達を主たるサービスにしない**という点です。インターネットが水道と同じくらい行き渡った現在、高度な専門的知識も一瞬で陳腐化してしまいます。したがって、それらの情報やツールを使って、自社の今後を描いていくことがサービス設計時には必要になってきます。

また、コンサルタントはよく従業員にやらせるのが仕事とも言われますが、今の時代、社長や従業員の皆さんをモチベートさせて行動につなげていくことが求められています。

このやり方は、非常に経費も時間もかかり、儲からないと思われるかもしれません。しかし、これは**効率と効果を絞っていくことで対応が可能**になってきます。

効率とは地域密着型ならではの強みである距離、訪問頻度、関係性作りです。これによって地域情報などが入りやすく、リサーチにおいてもそれほど難しくなく分析等が可能になるのです。

また、**地域企業においては、大手コンサルティングファームが作るような分厚い報告書は必要ありません**。その部分をピンポイントでまとめたシートなどを作成することで、効率化を図ることが可能になります。

私も、コンサルティングに入った段階で、フォーマットを制定して、毎回それをブラッシュアップさせるなりし、その業務までを受託していくことにしています。このサービスが付加価値にもなりますし、お客様の通常のオペレーションに組み込まれていることにより、効果的なアドバイスが可能となるのです。

効果については、1社1社求めているものが違いますので、自分に経営者が何を求めているのかをきちんと確認しておくことが必要です。スポーツジムのインストラクターのように定期的に現状を確認し合って、次の月に何を行なうかを検証していくことを求めている経営者もいれば、1カ月の活動の中で毎回ビジネスにつながりそうな情報を収集してきてほしいという経営者もいます。地域のネットワークによって、こうしたさまざまな要望にも応えられるのが地域で活動する強みです。

本章では、地域になじみのないコンサルティングというサービスをどう受け入れていただくかについてお伝えします。次項から、効率と効果を絞ったサービス・料金設定の具体策について解説していきます。

02 お客様が受け入れやすい料金体系の作り方

□会計事務所に支払っている金額が目安

地域密着で活動するには、**値段は明朗会計でわかりやすく、かつ地域の企業が使いやすい値段を設定することが成功への近道**です。

まず、地域企業がサービスを受けるときにおける1つの参考料金が、**会計事務所に支払っている顧問料、サービス料**です。お客様も利用しているサービスなので、費用対効果をイメージしやすいのです。

規模にもよりますが、通常、会計事務所には、どの会社も月額で3～10万円程度の顧問料を支払っています。さらに、決算時には月次顧問料の他に、月次の3～4カ月分の費用を支払っているのがほとんどです。

□2段階の料金プランを設ける

売上1億円以下の企業となると、支払える料金は限られています。したがって、依頼を受ける場合には、将来性を考慮するとか、自分の得意分野でそれほど力を注がなくても結果が出るサービスを提供するなど、杓子定規にとらわれず、客先ごとに決めていくことです。

こうしたお客様も将来の大切な見込み客ですので、例えば2段階制の低料金を設定するのもお勧めです。通常、経営計画の策定支援が50万円であれば、小規模のお客様は10万円で対応するなど、規模による特別プランを用意するのです。

地域では、一度コンサルティング契約が終了したお客様から、再度別の用件で依頼されることが多々ありますので、次の広がりも見据えた料金設定をするのもよいと思います。

私の場合、独立当初から、次ページのような料金プランで営業活動にあたっています。

売上数千万円の企業にとってみれば、月1回の訪問で抵抗なく支払える金額が月3万円です。5万円になると、決定するには何か大きな効果がなければ難しいでしょう。さらに10万円となると、よほど会社の根幹に関わる事案でなければ支払わないと思います。これは、**心理的な料金の壁**です。

我が社の料金設定

コンサルティングサービス料金表

メニュー	料金	単位：売上	備考
月次トータル支援	60,000円	～5億円	12カ月～契約
月次トータル支援②	80,000円	～10億円	12カ月～契約
月次トータル支援③	100,000円	～20億円	12カ月～契約
月次トータル支援④	150,000円	～30億円	12カ月～契約
月次トータル支援⑤	200,000円	30億円以上	12カ月～契約
マーケティング商品開発支援	80,000円～	1カ月	12カ月～契約
新規事業開発支援	80,000円～	1カ月	12カ月～契約
プロジェクト型支援	100,000円～	月1回訪問	12カ月～契約

・月次トータル支援に関しては月1回の訪問を原則といたします（導入期にはこの限りではない）
・別途消費税8％

スポット支援サービス料金

メニュー	料金	単位	備考
経営計画書策定支援(A)	300,000円～	1回	1カ月～2カ月
経営計画策定支援(B)	375,000円～	1回	2カ月～3カ月
経営計画策定支援(C)	450,000円～	1回	2カ月～4カ月
経営革新申請書策定支援	200,000円～	1回	1カ月～3カ月
設備事業計画書策定支援	150,000円～	1回	1カ月～2カ月
その他申請書作成	150,000円～	1回	1カ月～2カ月
事業承認計画書策定支援	250,000円～	1回	1カ月～3カ月
経営・財務診断パック	150,000円～	1回～	1カ月～2カ月
補助金申請支援	100,000円＋成果報酬	1回	別途、相談に応じます

・経営改善計画書（A）、（B）、（C）については、会社規模、事業デューデリジェンス（調査）の内容に応じて変わって参ります

ただし、お客様は、効果があるとわかっていることには高くても支払ってくださいます。ですから、いかに相手の課題にピンポイントで提案ができるかがカギになってきます。

また、料金体系において、2段階の料金設定を行なっていくことは、お客様にとって**毎月の料金を圧縮でき、必要なときに手厚いサービスを受けられるというメリット**があります。企業経営は重要度の高いテーマや課題が流動的に変わっていきます。地域一番を目指すためには、常にスピーディーに対応できる臨機応変なサービス内容、料金体系を構築していくことが大切です。

□コンサルティングの成果も上がりやすい

月次サービス料は比較的安く提示しても、それ以外のサービスを細かく分けることで、お客様が必要なサービスを都度受けられるような料金設定は、コンサルティングサービスの効果を上げるうえでも有効です。

例えば、最近多いケースとして、補助金の申請支援についての依頼があります。

私は基本的に、補助金の申請支援などは月次の契約をいただいている方しか受けないようにしています。業界では、「補助金の申請などは獲得額の○%を成果報酬でいただく」という料金体系が一般的ですが、これだと成果報酬の部分も高くなり、成果を上げにくくなります。すると、短期的な関係で終わってしまうリスクが出てきます。

一方、**月次契約のお客様を常時定点観測していれば、次の一手も自ずとわかってくるため、より精度の高い内容の申請書等が作成できる**のです。したがって、採択の可能性も上がり、その分、申請支援のサービス料も安く済ませることが可能です。

毎年、新規事業、設備、商品開発の補助金が採択につながってお客様に喜ばれています。お客様にとって多くの費用対効果の高い、満足度の高いサービスだと思います。

□スポットと月次の複合型で中長期的にサービス提供する

中小企業は自社の経営資源が限られているために、大企業よりも多くの時間を費やさなければならないことがあります。課題やその解決策がわかっていても、なかなか思うように改善が図れないケースも少なくありません。

2段階の料金設定

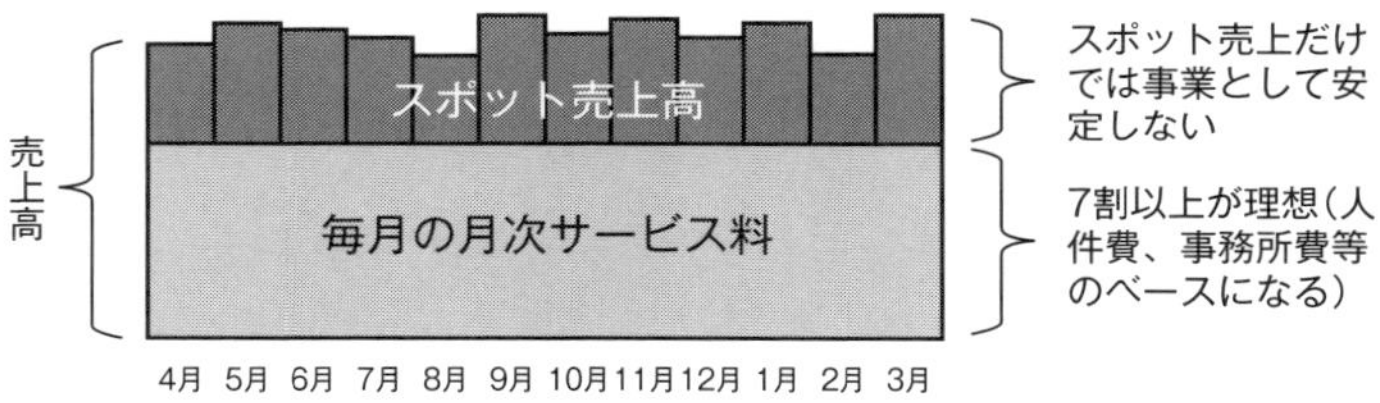

コンサルティングの効果を高めるためにも、お客様との取引は長く続かせることが大切です。そのために、**スポットサービスと月次サービスの両方を複合的に提供する**ことをお勧めします。

例えば、スポットサービスは補助金申請の支援、経営診断書作成や経営計画のみの作成など、月次サービスは月次モニタリング、毎月の課題解決コンサルティングで、1年以上の長期のサービスが該当します。

私の場合、月次の財務管理サービスを強化構築してきたことにより、毎月安定した収益計画を立てることができました。

そのおかげでサービスレベルを向上させながら、取引先数を伸ばしていけました。スポットのコンサルティングや、セミナー講師、執筆といったサービスのみに対応していたら、現在、従業員を雇用するまでには至らなかったと思います。

また、月次の中長期的な関係をお客様と結んでいれば、より効果的なスポットサービスが提供できるようになります。我が社においては、人材育成研修、定期的な対外的な報告書、補助金の申請支援などが、それに当たります。

この複合型のサービス体系はお客様との関係を深くし、お客様のニーズ情報も自社に蓄積されていきます。そうすれば、より効果のある新たなサービスを、使いやすい価格で提供することが可能になります。

安定収益の上にスポットサービスの売上が加算されることにより、強固な事業モデルを築くことができるのです。

03

地域密着サービス内容の構築プロセス

□まずは地域でニーズの高い業種を知ろう

地域密着でコンサルタントをしていると、思った以上にコンサルタントに対するニーズが高いことがわかってきます。特に、新しい事業に取り組んでいくことが必要な後継経営者や新規創業者の方は、客観的な意見を参考にしながら事業を作っていきたいと考えています。

そのような中で、地域でコンサルタントを必要としている業種・業態ごとに、独立する段階である程度リサーチしておく必要があります。

例えば、私が活動している栃木県は、東京という大消費地が近いので、大手製造業の工場や商品流通の物流拠点が数多くあります。地域では、業種ではなく分野を追及していくことが成功への近道とは言え、依頼の多い業種もあるため、業種の知識もそれなりに必要になるというわけです。

順を追ってサービス内容の構築プロセスを説明します。

①業種と分野についてすり合わせを行なう

次ページの図のように、地域に数が多く、コンサルティングニーズの高そうな業種に対して、サービス提供が可能な分野を当てはめます。地域では業種を絞ることで、対象となる企業も絞ることになりかねないので、この選定はとても重要になってきます。経験した業種が多くなればなるほど、自分の経験値も上がり、地域で必要とされるケースも増えてきます。

ただ、業種ではお付き合いできる企業が限られてしまうため、業界における企業動向を帝国データバンク、東京商工リサーチなどを活用して下調べしておきましょう。

②サービスは月次の提供サービスとスポットサービスに分ける

対象業種、分野が決まったら、具体的なサービス内容の構築です。月次の長期契約を前提にしていますので、毎月必要となる作業や、分析の部分についても、一部アウトソースして請け負えるような内容を基本プランに入れていきます。

地域でニーズの高いサービスを構築する

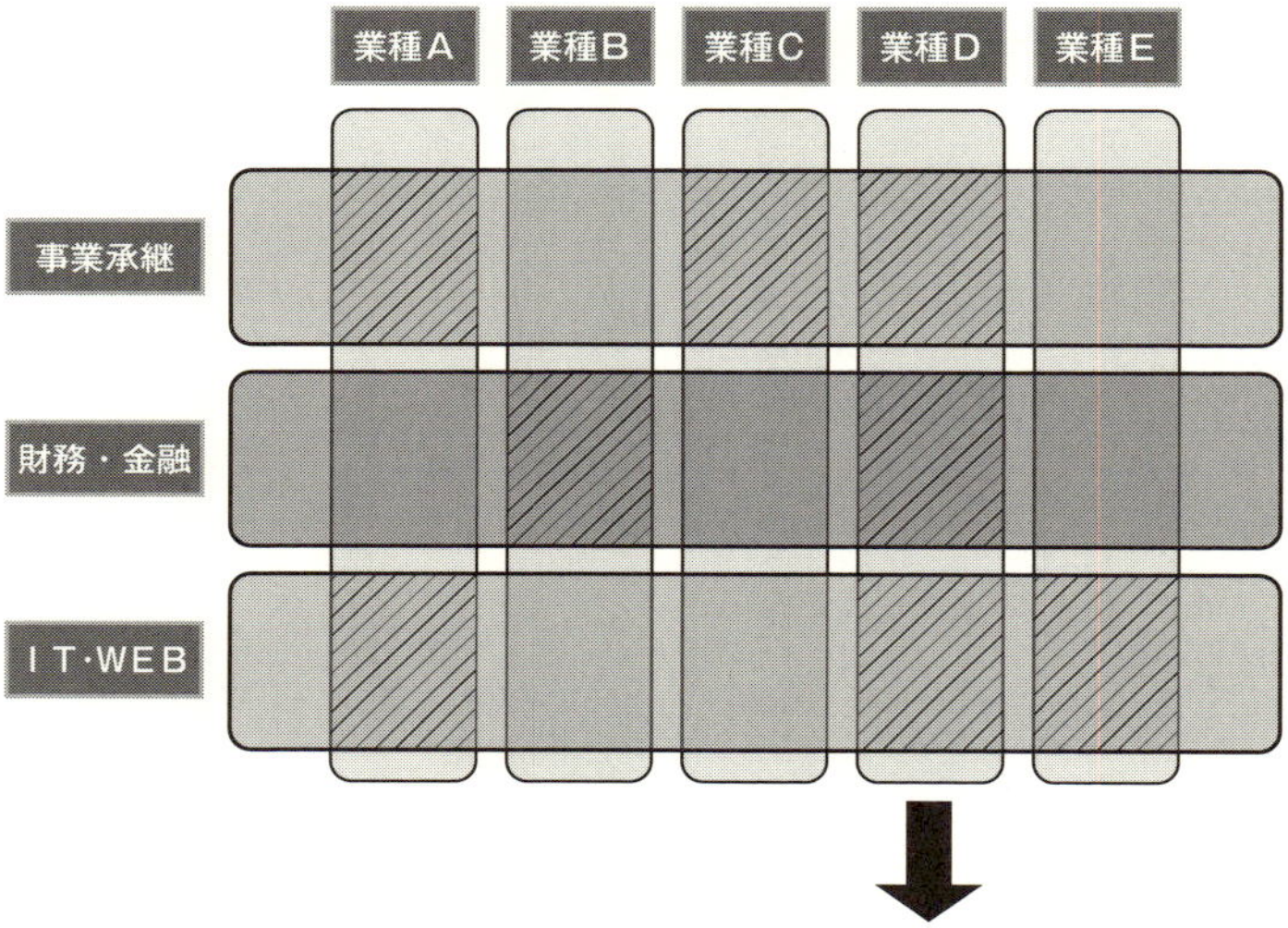

地域における業種の傾向と自分のサービスを求めているお客様にサービス提供を想定する

①月次のサービスで提供できるコンサルティングメニューを考える

②毎月の打ち合わせの中で改善、進捗をチェックしていく

③そのためのツールやフォームを作成していく

財務であれば月次の計数チェック、ウェブであれば月次のサイト分析や更新作業の一部代行など、基本の料金内で可能なサービスを付け加えていくことがポイントです。地域だと、月次で管理する体制が整っていない企業が多く、外部の専門家がその業務を代行するニーズは高くなっています。

③都度、修正をする

サービス内容も経験とともに増えていくことになります。常に内容のブラッシュアップと新メニューを開発していくことが重要です。このメニュー自体が自分のノウハウとなり、他のコンサルタントと差別化を図るのに重要な要素になってきます。

また将来、人を雇うときにも、サービス内容が見える化されているとスムーズに業務を任せられます。

04
得意とするキラーコンテンツは激安で売れ！

□地域一番を狙うなら、値上げは厳禁

ここで言うキラーコンテンツとは、**売りになるコンサルティングサービス**のことです。私の場合は、財務・金融診断パックや事業承継診断パック、経営計画作成支援がそれに当たります。それなりに経営はしているけれど、実際はどうなんだろう？　というような経営者の方からよくオーダーをいただきます。

「キラーコンテンツを激安で売れ」と言うと、馬鹿じゃないか？　と思われる方もいらっしゃるかと思います。しかし、利益を度外視しろと言っているわけではありません。

提供できるメニューに、他には負けないキラーコンテンツがあるかどうかは、全国でも地域でも必要な要素です。このキラーコンテンツは、活動しながら自分で作っていかねばなり

ません。

キラーコンテンツが何かなのは、案外自分では気づかないことものです。コンサルティングファームのようにすでにメニューがある場合は別として、個人で独立・起業する場合には自分でマーケティングを行ないながら、サービスの内容やネーミング、料金を設定していく必要があります。

私自身、金融機関との付き合い方や経営計画の策定支援など、お客様が欲しいサポートメニューを都度構築してきました。

地域で一番になると、このキラーコンテンツに対する引き合いが最も多くくるようになります。次から次へと依頼がくるために、供給が間に合わなくなります。その結果、行列ができ、当然、値段を上げようということになっていくでしょう。

しかし、**地域で長く営業を継続していくためには、大幅な値上げを我慢する必要があります**。本章2項でも述べましたが、地域企業の払いやすい値段は決まっています。

さらに、それを払える企業の数もおおよそ決まってしまっています。料金上昇が続くと、地域においてはそれが支払える企業のみにマーケット対象が絞られてしまい、将来の事業が先細ってしまいます。

もし、独立後すぐに料金を上げていこうとするならば、全国区のコンサルタントになっていく必要があります。ただ、全国区のコンサルタントになるには、全国で一番のキラーコンテンツを作る必要があり、それまで地域でやっていたビジネスモデルとは変えていかなければなりません。

例えば、全国区になれば1日数件の訪問は不可能となり、気軽に訪問はできなくなります。こうなると、既存のお客様からはサービスレベルの低下という見られてしまいます。

□長期の取引先を開拓するためのフック商品にする

では、売れるキラーコンテンツをどのように活用していくかというと、大手コンサルティング会社に比べて安く販売するということです。地域で行なう場合、経費はそれほどかからないし、独立したてであれば、十分に食べていけます。

これは、決して安売りというわけではなく、自分を知ってもらうために**あえて強いサービスを使いやすくしておく**ということです。独立したてで、広告にお金も使えないコンサルタントには、まずお客様になっていただくためのフックとなる商品が必要なのです。

ただし、コンサルティングにおいては、支援した側には実行権がありません。何らかの行動に移すことを約束してもらわないと、成果は出ないことになってしまいます。

そこで、最低の料金をいただいておくということが重要なのです。相手からすると、「それぐらいのお金であれば支払ってもいいかな」と思う値段を設定することがポイントです。

お客様の満足度が高まれば、キラーコンテンツ以外の仕事についても依頼がくることになります。ここできっちりと利益を確保すればよいのです。

例えば、低価格であってもキラーコンテンツを利用してもらったら、月次のコンサルティング契約をしてもらい毎月のサービスを提供する、商品開発などのアウトソースをしてもらうなど、自社のリソースで対応できる仕事について受注を受ければ地域で長い付き合いができるようになっていきます。

キラーコンテンツ→月次サービス、キラーコンテンツ→スポットサービスという形で、取引が続くというわけです。

結局、関係性をいかに構築するかが、仕事の継続の点でも重要になってきます。さまざまなことに対応可能になれば、信頼関係が構築され、お客様からあらゆる相談を受けるようになっていくのがコンサルタントの強みです。

05

使いやすさと質を両立させる

□まずはサービスの質を上げることが何より大事

地域における人気とはなんでしょうか？「地域において突出した活動を行なっている」「人柄がよく、いろいろな人と友達である」など、さまざまかと思います。

コンサルタントは、**ただ知られているだけでは仕事はきません**。水道屋さんや看板屋さんなら、知られていれば、お客様が必要なときには依頼をしてくれるかもしれません。

しかし、コンサルタントはそうはいきません。コンサルタントはものを作ったり、販売する商売ではないので、その人気を量る基準が曖昧なのです。

コンサルタントの地域における人気ほど不安定なものはないと思います。人気が出ると、引き合いが多くなり、フィーが上がってきます。しかし、安易にフィーを上げることは前項で述べたように中長期的に見て危険です。

したがって、まずは何よりも、サービスの質を上げていくことが大切です。

私は、前述したように、契約したサービス以外の相談を依頼してもらうことで、既存のお客様の満足度を上げながら、売上の増加を図ることができます。

また、この手厚いサービスを提供するためにスタッフを雇用し、私でなくともできる入力や分析といった業務について対応してもらっています。こうすることで、コンサルタントの担当数や料金の限界をクリアしていっているのです。

とにかく、地域密着型コンサルタントとして、まずはお客様に対して成果を出すことが最優先事項です。

使い勝手のよさは地域密着型のウリ

そもそも、地域でお客様と中長期的な関係を築くということは、コンサルタントとして中長期的な成長を目指していくということです。人気は必要ではありますが、人気に泣かざるをえない状況になってしまってはならないのです。

地域においても、若くて、切れのよいコンサルタントに、いつ取って代わられるかわかりません。そのときに備えて、常にサービス・料金のブラッシュアップを行なっておくこと、さらに自社もしくはパートナーの人材を育成して、ある程度のボリュームに応えられる体制を整えなければなりません。

お客様は、効果があるとわかれば、使い続けてくれるものです。そのためにも、**地域のお客様が使いやすいメニューを設定する**ようにしましょう。

「コンサルタントに相談してみたいけど、どんな相談をすればいいかわからない」という社長は多いものです。コンサルティング業界もサービスメニュー・料金を明示する時代になってきているのです。

メニューや料金がわかりやすいと、一度取引が終了したお客様から、再度別の内容で仕事を依頼される効果もあります。

4章

地域でニーズの高いコンサルティングサービス

01 経営計画を一緒に作る

夢やビジョンを思い出してもらうことからスタート

経営に夢やビジョンは必要。このようなことは、どのビジネス書を読んでも書いてあります。しかし、70%が赤字であるこの日本の地域企業において、どれだけの経営者が夢やビジョンを持って日々経営しているのでしょうか?

私は年間30社近く、新たなコンサルティング先に伺っていますが、皆さん一様に、目先の売上や日々の資金繰りに追われ、本来の仕事の目的を見失ってしまっています。

私の場合は経営計画を作成する支援から入ることが多いのですが、その過程で**本来持っていた夢やビジョンを計画に盛り込んでいく**取り組みを行なっています。

サービス提供を通じて関係性を築いていくうちに、経営者の方々は本来やりたいこと、やりたかったことを口にし始めます。すると、外部環境を理由にして、それらの夢やビジョンを忘れ、日々生き残ることが目的になってしまったことに気がつきます。

□夢やビジョンは「見える化」すること

実際、毎年増収増益の会社の経営理念はしっかりしているし、社長の夢やビジョンが明確になっています。これまでの取り組みや改善活動、部門ごとの取り組み実績は「見える化」されており、その達成度も一目瞭然となっています。

地域コンサルタントに課せられた使命は、社長に夢やビジョンを実現していただくことです。時には苦しいことや失敗したことも共有し、ともに分析していきます。

企業の社長は、「夢やビジョンはあっても、計画を作ることが苦手」といった方が少なくありません。そのため計画をともに作成してその実行をサポートしていくことがコンサルタントにとって必要な取り組みとなります。

経営計画を策定するサービスのポイントは、3~5年の中長期の経営計画を作っていき、貸借対照表の予測シミュレーションも同時に行なうことです。借入金の返済をどのように行

経営計画策定支援サービス

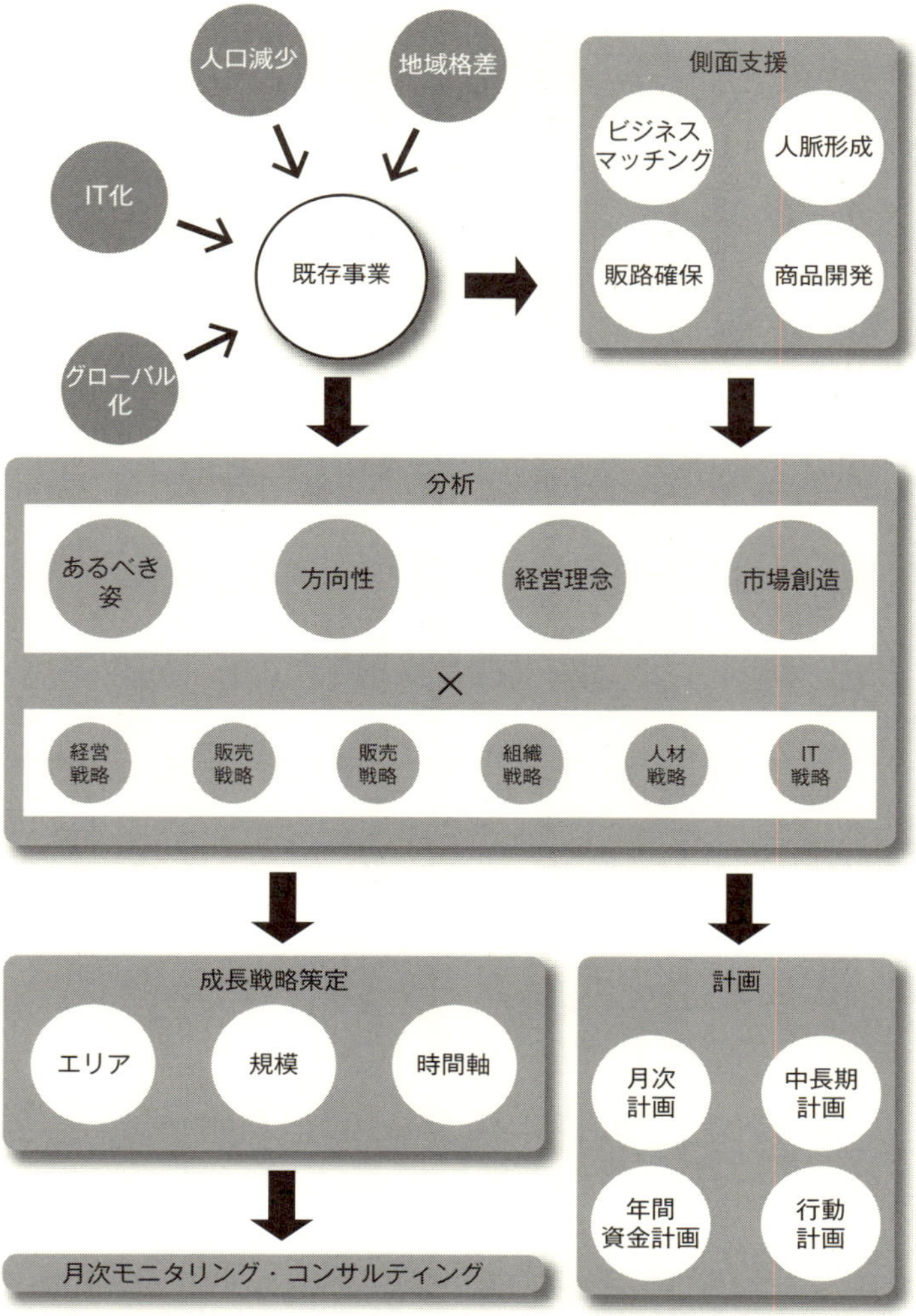

なっていくか、設備投資をどのように行なうかについても盛り込むとよいでしょう。これにより事業の数値化が可能になります。

短期的には、月次の過去の売上変動を加味して年間予測を作成していきます。このときに、各部門の計画を見込んで全体の数字に盛り込んでいきます。そして、この数字をもとに**年間の資金繰り計画についても同時に作成を行なっていきます。**こうすることにより毎月の予実管理も可能になり、経営者の数字に対するストレスも軽減されることになります。

□コンサルタントも経営計画を作り、ニーズに応えられるようにしよう

今後、厳しさを増す外部環境や同業者間競争の中で経営を行なっていくことになる地域企業にとって、**経営計画の精度向上は必須の取り組み**です。

また、経営計画をお客様と一緒に作ることで信頼関係も増し、さらにそれぞれの部門の戦略も明確になっていくことから、商品開発分野の取り組みなどもより具体的になり、新たなコンサルティングニーズが発生するでしょう。

もし、こうした経営計画を作るサービスのイメージができないという方は、まずは自分の

計画を作ることから始めてみてもいいかと思います。

経営計画も金融機関に提出するもの、社内で活用するもの、社員教育に活用するもの、用途に応じて、出す数字やフォームも変わってきます。

まずは自分の計画を作成して「50人を訪問する」ときに活用してみてもよいでしょう。お客様の計画を一緒に作れるようになると、社員教育や改善活動を行なったときの成功度合いも増していくはずです。すると、コンサルタントとしての信頼度も増し、お客様の会社内での立ち位置も上がっていきます。

02 月次財務モニタリングサービス

□いち早く次のアクションにつなげられる

私が提供してきたサービスの中でも、最も取り組みやすく、最も効果が高いサービスが「月次財務モニタリングサービス」です。中長期の経営計画、月次の経営計画を立案したら、その予実管理を徹底してサービスの中で行ない、差異を分析して今期の着地についても毎月シミュレーションしていきます。

そして、年度の切り替わりの際には、決算状況を比較するとともに、改めて新年度の月次損益計画を立案します。これにより、借入金が予定通り圧縮できたか、その他不良の在庫が増えていないかなど常時チェックできる体制が整うことになります。そのため、いち早く次の手を打つことが可能になってくるのです。

大企業では当たり前のこの業務について、多くの地域企業は担当者の不在、専門知識の不

足により、行なっていないのが現状です。それゆえに、年に1回の決算時にあわてて業績調整等を行なうことになるのです。

この月次財務モニタリングは思った以上に効果が出ます。中には20数年間赤字が続いていた会社がこのモニタリングシステムを導入したことにより、サービス開始2年目で黒字化を果たしました。また、大赤字の次の年にV字回復を達成したなどの事例も数多く生まれています。

月次の損益シートがあれば、飲食店でも工場でも、比較的簡単に行なえます。毎月の訪問時に税理士、会計事務所からの試算表をもとに、予実管理シートに入力して社長と打ち合わせをします。原価が予定より上がっていた、外注費が異常値になっているなどの差異を検証して、行動計画に反映させていきます。

□さらなるサービスを生む予実管理

モニタリングの際には、その原因を伝票まで探して突き止めていきます。慣れてくると経営者も結構楽しんで臨むようになり、原因がわかると解決策が明確になりますので、サービ

月次モニタリングフォーム

（単位：千円）

項目		計画	実績	計画合計	実績合計	計画比	計画	計画	計画合計		着地予定	
		7月	7月	(～26/7)	(～26/7)	実績合計/計画合計	8月	3月	27年／3月期	売上比	27年／3月期	売上比
売上高												
内訳	A部門											
	B部門											
	売上値引・戻り高											
売上原価												
期首棚卸高												
商品仕入高												
期末棚卸高												
売上総利益												
(売上総利益率)												
販売費・一般管理費												
人件費	役員報酬											
	給与手当											
	賞与											
	パート人件費											
	法定福利費											
	福利厚生費											
	小計											
販売費	広告宣伝費											
	運賃											
	接待交際費											
	旅費交通費											
	小計											
修繕費	修繕費											
	小計											
	通信費											
	事務消耗品費											
	消耗品費											
	租税公課											
	地代・家賃											
	水道光熱費											
	保険料											
	法律会計費											
	車輌燃料費											
	賃借料											
	新聞図書費											
	管理諸費											
	雑費											
	減価償却費											
	(新規設備償却)											
	小計											
営業利益												
	営業外収益											
	営業外費用											
経常利益												
	特別利益											
	特別損失											
税引前利益												
法人税・住民税及び事業税												
当期利益												
償却前利益												

月次の予算との対比がわかる。これをもとに月次の行動を見直していく

決算月の予算と着地予測について現時点での把握ができる。大幅なかい離があれば、早期に対応を検討する

今月までの予算対比が各項目わかる。これにより今後決算月まで何を行なうかについて検討する

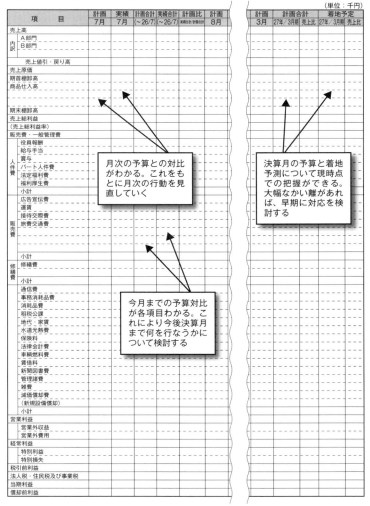

スとしてとても好評です。

従業員の方は通常、これらの数字については開示されておらず、日常触れていないために、日々の業務に活かせないことがほとんどです。もし、それら予実管理の傾向から原価低減が必要だとわかったら、改善活動をサポートするなど、いろいろなコンサルティングサービスのニーズが発生することになります。

予実管理がうまくいって今期の収益が上振れしそうなときには、考えていた設備投資を前倒しする、新たな人材を採用するなどのアクションが早めに行なえるメリットがあります。

その他、月次のコンサルティングから派生したコンサルティングメニューを以下に挙げます。サービス構築の参考にしてください。

・工場の5S改善活動

改善活動委員会を社内に発足させて、従業員さんと一緒になって改善活動を行なっていきます。これにより社員教育、委員会の運営について社内に落とし込んでいきます。社内の閉塞感を打ち破り、一体感を出すために非常に有効です。

・新商品開発プロジェクト

地域資源を活かした商品を一緒に作っていきます。マーケティングリサーチからパッケージデザイン、販路の確保などをお客様と行なっていきます。将来の収益の柱となるような分野の開拓、新規事業につながるような視点から会議、マッチングを行なっていきます（詳しくは4章4項）。

・社内業務改善セミナー

テーマごとに研修会を定期的に開催して、課題の解決に努めます。後継者育成、経営幹部育成、新規営業開拓などにまで、深く入り込んだ支援を中長期的に行なっていきます。

・ウェブによる新サービスの告知

ＩＴツールを活用して、自社のサービス、商品を情報発信していきます。製造業なら、下請け工場の持っている技術をウェブで発信することにより新たな顧客を獲得したり、人材の募集などもウェブで仕組みを構築していきます。

・補助金の活用による新規設備投資

革新的なサービス等を計画して、国、県の補助金を獲得して設備投資を行なっていきます。これにより、新たな事業の立ち上げや新商品の開発、このプロジェクトに関与する従業員の育成を行なっていきます。

これらはいずれも、お客様のニーズから掘り起した2段階のサービスメニューです。3章でも説明したように、毎月のコンサルティングにより、新たなコンサルティングニーズが数多く出てくるのです。

月次管理サービスを定期的に行なうことで、長期的なコンサルティングの基盤を作れば、さらに次のニーズに合ったコンサルティングが可能になるのです。

私の場合は、このニーズをさらにくみ取って、M&A分野、投資分野にもコンサルティングサービスの幅を広げていきたいと考えています。

特に、後継経営者のお客様と話をしていると、「将来は○○の分野に進出したいので、その関連企業を買収したい」など、余剰資金で別事業を行ないたいといったニーズが強いのです。そこで、地域をよく知るコンサルタントには、こうしたコンサルティングニーズも今後増加することが予想されます。

月次のサービス契約に至らなくても、スポットサービスとして提供していくことにより、コンサルティングメニューを充実させることができます。

コンサルティングの効果を上げるには、その会社をより知らなければなりません。月次の財務を把握することはとても大切なことです。

私は場合によっては、**財務状況を把握していない状況の企業にはコンサルティングサービスを提供しないという選択肢を選ぶ**こともあります。

それは、コンサルタントは信用商売であるため、お互いに信頼関係を築いた状況で対応したいという考えからです。自分の持つキラーコンテンツをどう提供していくか、お客様と長い関係性を築いていくかを常に考えて、自社のコンサルティングサービスをお客様が使いやすい形に変えていくことが地域一番の秘訣です。

03 後継経営者のサポート

□事業承継は地域の深刻な課題

どの地域の企業にも共通した課題が「事業承継」です。業績のよい会社も、悪い会社も円滑に引き継げる会社は少ないというのが現状です。

『中小企業白書』によると、地域企業の社長の平均年齢は58・9歳と過去最高を更新しました。大企業の社長の平均年齢はそれほど変わっていないことから考えると、地域企業の社長の年齢が年々上昇していることを示しています。実際に、私のお客様の数値も同様に推移していて、経営者の代替わり、事業承継は年々深刻な課題になりつつあります。

ただ、この事業承継というのは厄介なしろもので、先代、後継者が納得して引き継げる事例は非常にまれです。そもそも地域企業の代替わりというのは、大企業の社長交代と違って

20～30年に1回のことなので、どの企業も対応策を講じていないケースがほとんどです。

まして、これからの後継経営者には、さらなる環境の変化が待ち受けているため、先代よりも難しい企業のかじ取りを短期間で行なっていくことが求められています。そのために、後継経営者には基礎的な経営の知識が必須となってきます。

先代の経営者は裸一貫で事業を立ち上げ、自己流で拡大してきた方が多いのに対して、後継経営者は大学を卒業して、**新しいものを取り入れていこうとする気質が強い**と言えます。特に自分の代に対する危機感があるので、貪欲で勤勉な方が多いのも特徴です。

□後継者に必要なサービスとは

後継者は、地域の青年会議所、商工会議所の集まりなどで情報を交換することになりますが、経営の勉強をする機会や場は多くはないと言えます。

それでいて、ある年齢に達するといきなり経営に参画するようになり、いずれは代表者となっていくのです。ある後継経営者の方が「運転には免許がいるのに、経営には免許がいらない。経営のほうが多くの人生を左右する重要なことなのに……」と言っていたのを思い出します。

確かに、経営は経験しなければわからないことだらけですし、想像以上に大変なことです。私自身も小さい会社ですが、経営者となり、日々苦難の連続です。私も事業が拡大し、従業員が増えるにつれて、新たな問題に常に直面しています。

では、後継経営者にどのようなサポート体制が必要かというと、**財務管理、社員教育、リーダーシップ**などのニーズはとても高いように思います。

特に財務管理については、引き継ぐのが一番遅い分野で、押し並べて後継経営者の皆さんの苦手意識は強いと思います。確かに、私も9年間銀行に勤めて資金繰り、財務戦略の構築の仕方をようやく習得したのですから、ちょっと学んだだけでできるようにはなりません。

ただ、彼らの中には、自分でできないことは外部に任せよう、委託して専門的なレベルを上げたほうが、会社にとって長期的にメリットがあると考えている方も少なくありません。そのため、経営課題を解決するサービスの委託先を常に探しているというわけです。

実際、私も「この分野の専門の方はいないか」「こんな業務を引き受けてくれる人はいないか」などといった問い合わせを多くいただきます。経営の管理体制や幹部社員の育成など、これまで長年続いてきた仕組みを変えていくことになるので、信頼できるコンサルタントや専門家に頼みたいと思われるのは当然のことでしょう。

04 ビジネスマッチングによる新商品開発、販路開拓

□自社のみでは成功は難しいのでサポートが必要

最近は、行政なども街おこしの1つとして、地域産品での商品開発を推進しています。これまでは、取引先の販売計画に合わせて生産計画、設備投資計画を組んでいけばよかったのですが、取引先からのコスト低減要求、原材料価格の高騰などで著しく収益が低下がしています。これに合わせていくと、大手取引先に都合のいいように使われ、利益が確保できなくなります。

私のところにも量販店を取引先に持つメーカーから、赤字が続いてどうしようもないといった相談が数多く寄せられます。借金がなければ廃業も考えられますが、多額の設備投資を行ない、多くの従業員を雇用している状況ではやめるにやめられない状況です。こうした状況を打開するために、**特色のある商品開発**が必要になってくるのです。

具体的には、そこに行かないと買えない、販売数量を限定するなど、地域企業にしかできない取り組みによって、大手企業との差別化を図ることができ、高い価格でも販売できるようになります。

ただ、多くの企業を見ていると、自発的に商品開発を行なったことがないために、顧客目線が欠落していたり、技術、原価重視の商品開発になりがちです。また、自社の経営資源に偏りがあるために自社のみでは商品開発が難しいケースも少なくありません。

これらの課題を解決するのが地域コンサルタントの役割です。

例えば、共同開発のパートナーとなる会社を見つけたり、消費者の要望に沿った商品開発をアドバイスできるコンサルタントへのニーズは高まっています。そして、このアドバイスは、地域をよく知ったコンサルタントでなければなかなかできないことです。

□ビジネスマッチングをサービスに付加する

地域企業にとって、新たな販路の確保も喫緊の課題です。例えば、コンサルタントの人脈を活用してマッチングしてあげることも、ニーズの高いサービス内容になってくると予想されます。卸売業であれば、どの業界においても川上に進出して自社製品を持つか、川下に進出して商品者に寄り添った商品提案ができるか、2つの方向性しか付加価値を向上させる道はありません。

したがって、この2つの方法をうまくコーディネートすることができるようになると、地域でも声がかかることが必ず多くなってきます。

ビジネスマッチングについての役割について述べると、今、大きな新しい動きが全国的に起こっています。

それは、農業をビジネスとして推進するテーマ（企業が農業者とタイアップして事業を行なう農商工連携、農業者が加工・販売までを手がける6次産業化など）や、女性、若年者、高齢者の創業推進などです。これらは地域におけるビジネスの地殻変動に等しい動向だと思います。この動向により、既存の企業も新しい動きを見せ始めています。

10年前から取引先がさほど変わらないような会社は、考えも古く、新しいことにチャレンジしない場合も少なくありません。しかし、金属を溶かして他とつなげれば溶接できる原理と一緒で、ビジネスモデルを再構築している最中に新たな出会いがあると、ビジネスマッチングの精度は格段に高まっていくのです。

ただし、ビジネスマッチングのサービスは、単なる紹介との違いを明確にすることが難しいので、料金を取りにくくもあります。そのため、月額のサービスに付加するサービスとして盛り込むといいと思います。ビジネスマッチングは、ニーズの発生時期が読めなかったり、相手の選定に時間がかかるからです。

05 第3の資金調達方法、補助金・助成金活用支援

申請は企業にとっては高いハードル

地域企業にとって資金調達と言えば、第一に自己資金からの増資など資本金による調達、第二に金融機関からの借入、社債等による調達が一般的です。ここでは、近年増加している補助金や助成金による事業資金の調達を「第三の資金調達」と呼ぶことにします。

補助金の源資は税金のため、使う側も節度を持って活用していかねばならないとお客様にもお話しししています。月次のモニタリング支援をベースにした形での支援をもとに事業計画を立案しているわけですので、その計画に沿うような補助金であれば、申請のお手伝いをするような流れになっています。

現在、補助金の種類は実に多様で、支援する我われもなかなか追いついていけないのが実

情です。また、要綱等が発表されてから1カ月以内で締切になるものも多く、申請には短期間でかなりの労力が必要になります。

補助金は使いやすくなったとはいえ、まだまだ企業自身が申請を行なうということはハードルが高いものです。申請書には会社の方向性を決めるような内容を盛り込まなければならないので、企業側で申請書を作成するのは非常に労力がかかる作業となります。そのため、その企業をよく知っているコンサルタントに出番が回ってくることになるのです。

□一過性のサービスにはしないこと

基本的に補助金は、もらわなくてもやっていける事業をサポートする制度です。そのため、補助金を目的に事業をスタートするという行為はお勧めできません。これまでも、そのような考え方によって、すぐに事業がうまくいかなくなったケースもあります。

ただ、自分がやりたい事業がお金の理由で実現が難しい企業には千載一遇のチャンスとなりうるわけです。そのような場合は、前向きに使っていくことをお勧めしています。

また、補助金を獲得して設備投資を行なった企業を見ていると、新たな事業に取り組む高揚感や従業員の成長など、副次的な効果があることが見ていてわかります。

特に若い経営者にとっては、事業計画の策定など、今後の経営に活かすことができるので取り組んでもよいと思います。また、この補助金の申請過程で他企業と連携することで、新しい分野が開けてくることもあります。

そういう効果も期待できますので、地域コンサルタントがその必要性や地域性をよく理解したうえで、これら国の制度をうまく地域企業に浸透させていくことは意義があるでしょう。そうすれば、お客様の満足度はさらに上がっていくはずです。

私も最近、勉強会などで、財務と同じくらいの割合で、補助金の仕組みについて話してほしいという要望を受けます。それだけ経営者の関心は高く、意欲的です。そのため、可能な限りサービスの1つとして相談には乗っていこうと考えています。

ただし、場合によっては、コンサルタントが製造機器メーカーなどとタイアップしているケースもあるようです。しかも、成果報酬も成功額の2割とか100万円とか多額に上ることから、このサービスを活用して補助金が採択に至ったとしても、それほどの価値があるとは思えません。地域に根差して活動する地域コンサルタントは企業をよく理解し、適正な料金体系で、効果の高いサービスを提供することが使命だということを忘れてはなりません。

06 ＩＴ知識とデザインセンス

□ＩＴ知識とデザインセンスでお客様の満足度は格段にアップする

ここまで、地域において今後ニーズが発生するサービスについて述べてきましたが、コンサルタントには違った観点の力も必要になります。例えば、新たに商品開発をする際には、一定のレベルの販促物やパッケージが必要になってきます。

これまでは、ＯＥＭ商品であれば、パッケージデザインから販促までを大手企業が立案して実行してくれたので、自分たちは製品を作るだけでよかったのですが、今後はそれらの機能も自社で抱えるか、パートナーシップを組んで構築していくようになってきます。

そのため、マーケティングコンサルタントでも戦略コンサルタントでも、**ネットでの販売ノウハウをはじめとしたＩＴ分野の知識や販促物のデザインセンスは必須**ではないかと思います。

これは地域を問わず言えることだと思いますが、今後はＩＴにある程度詳しくないと、地域企業の支援はできませんし、デザインについてもアドバイスができないと**満足度の高いコンサルティングサービスは難しい**と思います。

私にも、販売向上の施策を検討してほしいという依頼は多いですが、会社のストーリーや経営資源を踏まえたうえでイメージに合った商品作りをしていくことが中長期的な成長につながっていくのだと思って取り組んでいます。

企業が商品開発を行ない自社で販売するということは、当然パッケージや販促物についても自社で考えなければなりません。ですから、コンサルタントにもＩＴの知識も必要になるし、デザインについても業界動向ぐらいは把握していないと話になりません。

私自身も元銀行員なので、コンサルタントとして独立した当時は、数字とお金には強くても、ＩＴやデザインの分野についてはまったくの素人でした。私の場合は、たまたまオフィスをシェアした知人がウェブデザイナーであったことから、すぐに**コンサルティングニーズとＩＴやデザインに関するニーズに親和性があり、相乗効果を生み出す**ということを理解できました。
結果として、財務・金融のアドバイスを行ないながら、ウェブの活用による情報発信と、商品の販売というサービスの流れを作ることが可能になったのです。

具体的には、弊社でウェブの制作をサービスメニューに加えて以来、月次サービス提供先のお客様からＨＰの制作・管理を依頼されることが多くなりました。コンサルティングを通して、その会社の、強み、弱み、経営計画、社長の要望を理解しているため、ＨＰの内容も経営の実態を踏まえたものになり、効果も高まります。

以前依頼をいただいた、財務改善の案件の過程で、売上アップのための新サービスを始めることとなり、ＨＰの制作やロゴのデザインなどを提供したケースもありました。

今では彼には執行役員として正式に会社に参画してもらっています。そのため、今では当社のコンサルティングサービスの１つの柱にＩＴ・デザイン部門があり、商品開発時から販路の開拓に至るまで、ＩＴを活用したサービスを提供しています。

これにより、コンサルティングとＩＴ複合型のサービス提供が可能となり、企業にとってもワンストップで依頼できるのでとても好評です。

ただ、私のようにビジネスパートナーがITやデザインの専門家であるケースはまれだと思います。自分1人で対応しきれない場合に備えて、地域の信頼のおけるデザイン会社やIT会社などとタイアップできる体制は作っておいたほうがよいでしょう。

ITやデザイン関連の業務は若い人材がいるほうがスピード感があり、お客様の評判もよいものができあがるように感じます。地域企業は、特にITの活用では遅れていますが、今後は事業承継などによって需要の大きいサービスになることが予想されます。

□他社とのタイアップを考える

このように他分野と連携体を組むことによって、さまざまなビジネスの支援を行なうことが可能になります。

また、地域には、フリーランスで自分の得意分野を事業化したい、コンサルタントとしてやっていきたいという女性や高齢者の方が多くいらっしゃいます。私のところにも年10人ぐらいの方がフリーランスで独立したいと言って訪ねてきます。そのような方々とチームを組んで課題解決に当たればチームとしてのコンサルティングメニューも増えていくことになり自社の強みになっていくと思っています。

何度も言うように、地域で1つの分野で信頼されれば、何でも相談されるようになります。その際に、**自分の専門分野以外でも課題解決できる体制を整えておく**ことが大切です。

地域企業のニーズも多様化しています。すべてを自分1人で解決するということにも限界があります。お客様の満足度を上げるためには、チームで物事を解決することが品質の面でも重要なやり方になると考えます。

5章

地域密着型のメディア活用

01

地域でこそ効果絶大なSNS

□コネなし、予算なし、実績なしでも成果が出る

ブログや、フェイスブック（FB）、ツイッター、LINE等のSNSは、地域で活動する無名のコンサルタントにとっては、独立後とても有効なツールになります。

これまでは、独立したてのコンサルタントの情報を地域の想定顧客に伝えることなど、ほぼ不可能に近く、支援機関や地縁・血縁を地道にたどって営業展開をしていかなければなりませんでした。そして、そこでの実績を業界紙、専門誌に記事として取り上げてもらうことで、少しずつ知名度を上げていくのが一般的な知名度向上策であったように思います。

私が独立したのは、ちょうどツイッターが流行り出した時期で、その波に乗ってフォロワーを増やしていきました。フォロワーがだいたい2000人ぐらいに増えた段階で、知り

合いなどがチェックしていることがわかってきました。これにより、**SNSで情報発信を強化することで、「独立したて、知名度なし、実績なし」というマイナスポイントを埋められる**のではないかという実感が湧いてきました。

その後、FBが一気にメジャーになったことで、SNSで情報発信していくことが日常化しました。その過程で、地域でどのような情報発信を心がければよいかもいろいろと試してきましたので、以下にご紹介します。

①ライトなノリで気軽に始められる

最初のうちは、SNSで何を投稿しようか迷うことになります。独立したてのコンサルタントの方からも、「SNSで情報発信したほうがいいって言いますけど、何を投稿すればいいのですか？」という質問を受けることもしばしばです。

自分のプライベートな部分もさらけ出す必要があるため、戸惑うこともあるようですが、我われコンサルタントも自営業者としてPRや広告を仕掛けていく必要があります。高いスキルがあれば、仕事は向こうからやってくると勘違いしてしまいがちですが、そんなことはまったくありません。その点、SNSは無料で気軽に始められますし、何より地域における効果は抜群です。

内容は、地域での日々の活動をダイジェストで掲載してＰＲするとよいでしょう。続けていくうちに、ＦＢの「いいね！」の数や、ブログのアクセス数などで、どんな記事に興味を持ってくれているのかがわかってきます。

②誰に見せたいのかを意識する

発信内容は、誰に見せたいかを意識して投稿してください。経営者のお客様向けであれば、やはり経営の最新情報のトピックスや自社のメリットになる情報に目がいきます。この記事は見込み客向けなのか、その他の消費者向けなのか、対象を考えながら記事をアップしてください。

また、お客様の新商品や新規事業の内容を掲載してＰＲに貢献することも、地域コンサルタントとしては大切です。私がお客様の商品写真をＦＢにアップした際などは、「どこで手に入るの？」というコメントも返ってきます。

特にブログは、名刺交換して自分に興味を持った方なら、ほとんどの方がチェックしていると思ったほうがいいでしょう。

私の場合、銀行の支店長などと名刺交換した際には「若いコンサルタントだな」と思われているなと感じることがあります。ただ、次にお会いしたときにはブログなどをチェックしてくれていて、きちんと活動しているコンサルタントだと思っていただけるようです。最近では、「ブログを読み、御社のスタンスに共感したので、依頼をしたい」というお客様も増えています。

なお、続けていくことで効果が八方に広がっていくのがＳＮＳの特長です。よく突然、投稿が途絶える方がいますが、忙しいときは休んでもいいのでとにかく続けて投稿する、記事を書いていくということを心がけてください。

③自分の仕事に関連する情報を提供することで認知度を上げる

これは言い換えると、意図して情報を発信していくということです。マーケティング・コンサルタントであれば、マーケティング分野に特化した投稿を意図的かつ定期的に流していくことが大切です。

私の場合は現在、地域企業の商品開発ニーズが高いこともあり、開発中の商材、ミーティングの進捗状況などをＦＢやブログに掲載しています。

私は、自社の新たなコンサルティング分野にしていきたいとの思いから、1年前からマーケティングを意識した情報発信を心がけるようにしてきました。自分で購入したコンビニの新商品、ご当地ヒット商品、支援先の新商品などを積極的に掲載したのです。

そして、その感想をコメントするように努めてきました。そうすることで、私がマーケティングに関するサービスも提供しているという印象が蓄積され、地域に認知されていくことになっていきます。

□大都市よりも効果的な地域でのコミュニティー作り

コンサルタントでＳＮＳを使いこなせていないとなると、同時にマーケティング分野の支援は難しいでしょう。なぜなら、それほどＳＮＳを活用してのマーケティングや集客が主流になりつつあるからです。

この傾向は特に地域で強いと思います。今では、中小企業が地域消費者に向けて、自社の商品をＳＮＳで一斉に発信して知名度を高める例が増えています。これは、地域ではＳＮＳを通して人間関係がつながっていたり、購買行動の意思決定が行なわれやすい特性があるからだと言えます。

これまでは地域であっても、ＰＲ方法としてはテレビ、ラジオ、雑誌、新聞といった４大メディアが一般的でした。しかし、その値段は非常に高く、独立したてのコンサルタントにはとても活用できるものではありません。

しかし、SNSなら、**地域の特定分野の方と仲良くなりたい場合はピンポイントに情報提供することができ、先方が興味を持てば商談にもつながりやすい**といった強みがあります。

例えば、地元のおいしいアイスクリームを掲載すると、食べたことがある方は反応を示しますし、商品開発についてのミーティングの様子や、試作の写真を掲載すると、「あそこの○○さんが詳しいですよ」などと、アドバイスをくれる方が必ずいます。

次第に、SNSの中で地域性を持ったコミュニティーが自然に形成されていくでしょう。

私もFBでは1100人程度の友達がいますが、多くが経営者というくくりで関係性を持っています。つまり、私の情報を、数百人の地域の経営者に常に見てもらっていることになるのです。

今では会合などで久しぶりに会うと、最近の私の投稿について向こうから話しかけてもらえます。これはコンサルタントにとって、とてもありがたいことです。

02 HP、ブログ、FBを連動させてブランディングする

□HPで仕事を取ろうと思わない

SNSをうまく利用することで、自分のブランディングにつなげることができます。**こちらが発信した情報が意図した通りに伝われば、その結果、地域での仕事を取っていけるよう**になります。

これまでは、コンサルタントとして認知を上げるには、専門誌への執筆、本の出版などに限られていました。それがSNSの登場により、地域で独立しても可能となったのです。

ホームページ（HP）は、前項でお話ししたブログ同様、名刺交換後に興味があれば必ずチェックされます。それも、意外と地位の高い方などから見られています。その方が見たときに、自分の仕事や人となりがきちんと伝わるHP作りを心がけたほうがよいでしょう。

ＨＰに掲載したほうがいい内容は、以下の通りです。

・自分の強みを書いたプロフィール
・自分がなぜコンサルタントになったのか？
・理念やコンサルティングにおける考え方
・具体的なサービス内容
・相談事例や困ったときのケースなど
・セミナー実績やコンサルティング実績
・ブログやＦＢとの連動ページ

ＨＰは最初から完成度の高いものを作ろうとしなくても大丈夫です。大事なのは、**定期的に更新して最新情報を発信していくことにより、見ている側に信頼感を与える**ようにしていくことです。

皆さん、アクセス数を気にするのですが、それほど多くなくても問題ありません。商品を販売する物販サイトでない限り、アクセス数を上げていくことに気を取られるより、意図した情報を盛り込んでいき、お客様、見込み客、紹介してくれそうな方など、見ていただきた

連動コンテンツはウェブサイトのトップページに必ず掲載しよう

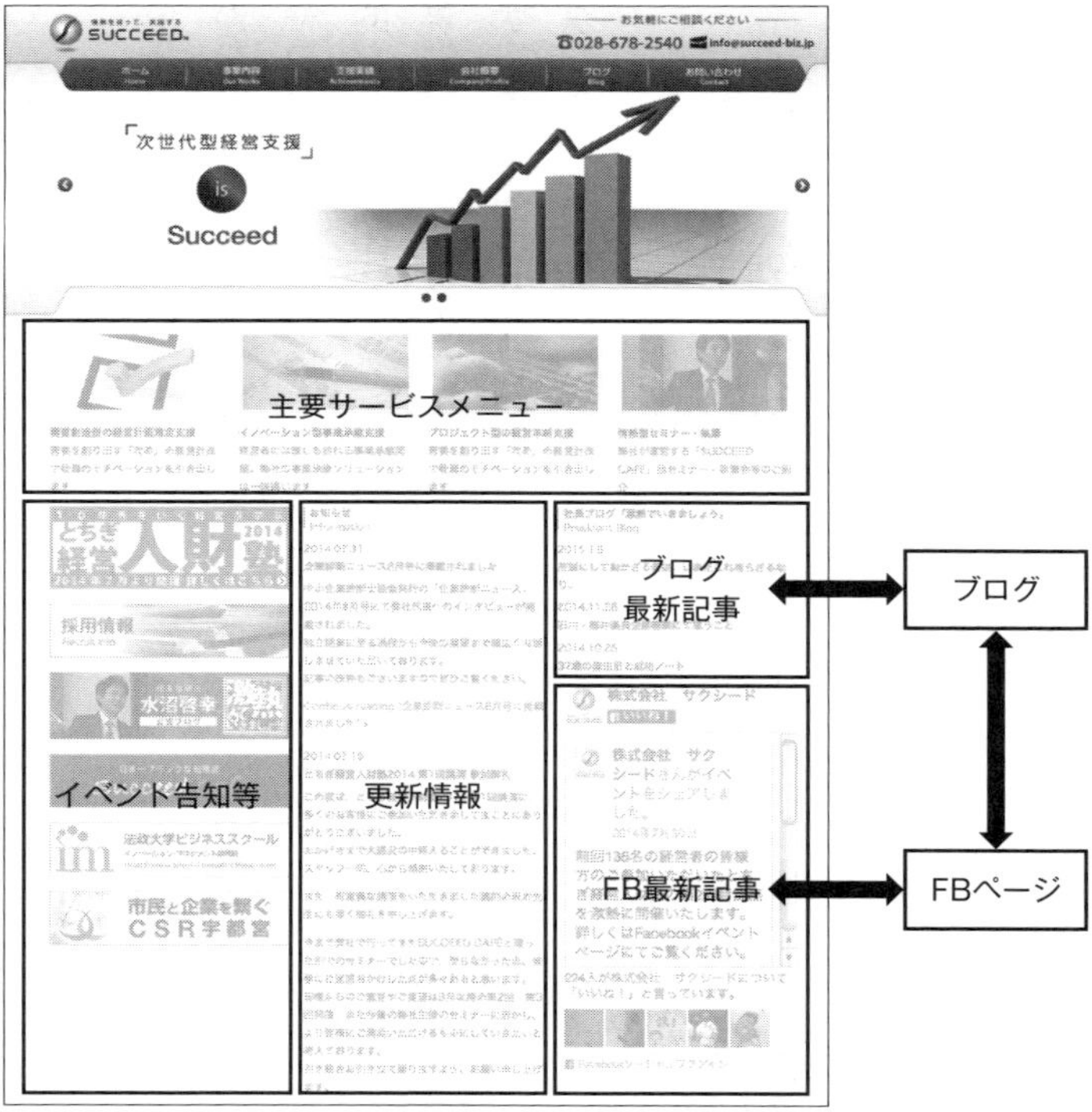

※http://succeed-biz.jp/

い方のアクセスを増やしていくことが重要です。

また、HPで仕事を取ろうとする方も多いのですが、**コンサルティングの依頼はHPからはまずこない**と思ったほうがよいでしょう。来たとしても、HPは仕事を取るというよりも、情報発信の「最もオフィシャルなツール」と位置付けましょう。

したがって、お金をかけたデザインが素晴らしいものは必要ありません。自分のコンサルタント活動のスタンスや思い、コンセプト、サービス内容がわかりやすく書かれていることが第一優先です。

私の場合、アクセス解析を行なうと、名刺交換した方、ブログの定期購読者、FBからの訪問者が常に上位を占めています。ブログの更新やサイトの内容が充実してくればアクセス数も増えてきますので、まずはアクセス数を追うよりも、特定の方たちに向けて、日々の活動を発信するよう心がけましょう。

□ブログが地域一番には最も効果的

先にも述べましたが、私の場合、メディアの中で最も効果があるのはブログです。

ブログは月に数回更新することが必須です。地域でコンサルタントをやっていると、日々さまざまな出来事やイベントに遭遇します。地域の交流会、経営者のイベント、勉強会など、最初のうちはそれらに参加した情報を載せるだけでもよいかと思います。

そのことにより、自分がどの経営者が所属している会に出席しているかなど、非常にローカルな情報を発信していることになります。そして、次回参加したときに、「先日、あの会合に出ていたよね」などと、**情報がつながっていくことで、さらに自分の認知度が上がること**になります。

また、コンサルタントの書く記事が面白ければ、必ず皆さんリピーターになってくれます。アクセス解析をしていると、ブログ経由でHPに訪問してくれるユーザーが多いことに気づきます。

私は「激熱《ゲキアツ》でいきましょう」というブログ（http://gekiatsu.succeed-biz.jp/）を書いていますが、タイトルがキャッチーなのもあり、思った以上に浸透しています。初対面の方に「激熱ですね」と言われることも少なくなく、私に対するイメージが「激熱」となり、お客様には好印象で受け取られることが多いようです。

ブログの投稿内容については、大抵は何かのイベントごとに書いています。気をつけてい

ブログはお客様を意識して書こう

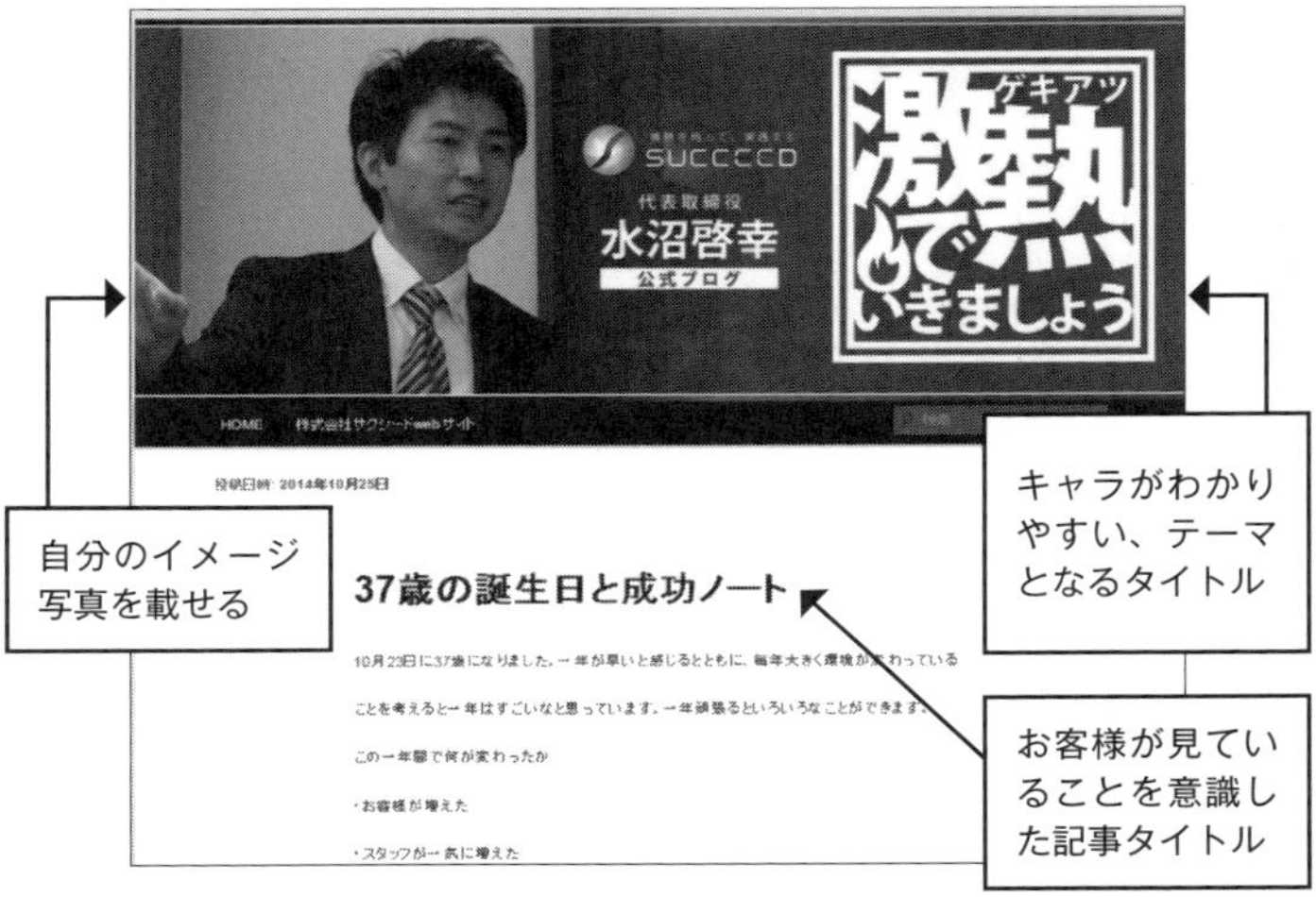

※http://gekiatsu.succeed-biz.jp/

HPのリンクから飛んでくる見込み客も意識して発信しよう

る点は、会社のＨＰに直結しているので、**必ず自分のイメージやコンセプトに合ったものにすること**です。

自分で企画したイベントの告知やＰＲ活動の過程を面白く綴ったり、セミナー内容について企画の裏側から書いてみてもいいと思います。また、自分のコンサルティング活動における考え方などは、ＨＰとの連携を考えると効果的です。

なお、投稿時にＦＢのリンクを貼っておくとよいでしょう。ＦＢの友達はつながりが強いので、読んでくれる確率も高まります。

□各メディアを連動させると必ず反応が返ってくる

ここまで無料の最強ツールである各メディアの説明と活用術を述べてきました。さらに、それらのツールの連動の仕方についてお伝えしていきます。

私の場合、ＨＰ、ブログ、ＦＢのそれぞれに明確な目的を持たせて運営しています。

すでにお伝えしたように、ＨＰは会社案内のパンフレットとしての位置付けで、具体的なサービス内容を掲載します。

ブログは自分の思い、キャラ、イベントなどの情報を中心にアップしていきます。

ＦＢは日常の活動の中でふと感じたこと、皆さんとシェアしたいこと、教えてあげたいことなどを発信していきます。これにより、定期的に見てくださっている方との接点ができることになります。将来お客様になる可能性のある方もいらっしゃるので、お客様にお知らせしたいこと、知っておいたほうがいいことなどの視点を心がけています。

以上のように、**それぞれのメディアが相互に絡み合って情報が拡散していくように、役割を使い分けてアップしています。**私に興味を持ってくださっている方が、私への興味や理解を徐々に深めていただけるような効果を意識しています。

投稿する中で、読者からのフィードバックによって情報の伝わり方、必要とされる情報がわかってきますから、ぜひ次のアップに役立てていきましょう。

03 コンサルタントのキャラ作り

◻合言葉は「激熱でいきましょう」

コンサルタントとして活躍していくには、「自分のキャラ」を早い段階から作っていくことが重要になってきます。ＳＮＳで情報を発信するにしても、その人のキャラを前面に押し出した形で情報発信しなければなりません。

私も最初の段階では、自分のキャラを作っていくという発想すらありませんでした。ただ、あるとき出会ったお客様に「水沼さんのキャラはこうだよね」と自分が思いもしなかったことを言っていただいてから、意識するようになりました。

今でも覚えているのは、「水沼さんが熱いから、こちらもやる気になってしまうんだよね」と言われたことでした。この言葉から「激熱」というキーワードが生まれ、ブログのタイトル「激熱でいきましょう」が生まれました。

前項でも述べたように、このキーワードの威力はすさまじく、初対面の方でも「激熱ですね！」と声をかけてくださることがよくあります。ＦＢの友達（経営者）が１０００名以上になると、地域ではだいたいが友達、あるいは友達の友達ということになりますので、その影響力は大きいと思います。

うまくいっている経営者は個性、キャラの強い方がほとんどです。コンサルタントも同様に、自分の専門分野だけでなく、キャラを前面に打ち出すぐらいの勢いが必要です。とにかく行動範囲が広いとか、○○の博士であるとか、**自分でキャラを打ち立てていくことが地域で一番になるこれからのコツ**です。私も、「激熱コンサルタント」のイメージがついているから、仕事が依頼しやすくなっているのだと思います。

キーワードを掲げることがなかなか難しい場合には、人に意見を求めるといいでしょう。えてして、人は自分のことを理解できないもので、コンサルタントといえども自分のことはなかなかわかりません。

自分の強みや得意分野は、意外にお客様に教えられることがあります。「水沼さんはこういった点がいいよね」「ここが魅力だよね」など、お客様に言っていただいた部分を強化して、素直に取り込んでいくと、短い期間でお客様が増えるはずです。

地域では、認知されればすぐに何らかの反応が返ってきます。そういった意味では、営業や情報発信も大都市よりも始めやすいのだと思っています。

□地域一番の旗を立てていく

「自分と同世代である、後継経営者の事業承継の課題を解決しよう」。私は、そう決意して会社を作りました。しかし、志を同じにする仲間も、取引してくれるお客様もいない中で不安が先に立ってしまいます。

私も心が何度も折れそうになりましたが、そのたびに「事業計画書」や「成功ノート」を見直して前に進んできました。

このつらい時期を乗り越えるためにも、どのように「地域一番の旗」を立てていくかが重要になってきます。旗とは、自分の強みが何であるか、何のためにこの事業を行なっているのかなど、地域一番を目指している証です。

この旗を立てることにより、地域一番になるまでは頑張ろうと踏ん張りがきくようになります。旗を立てた以上は、一番になるまで引き下がることはできなくなるはずです。

今ではその考え方が会社の核になり、クレド、会社案内からサービス内容の細部に至るまで、統一されたものができあがっています。

そして、後々一定のお客様が増え出したときに、これらがとても有効に作用します。お客様は、自分が依頼するコンサルタントがどういう人なのか、自分に合いそうかなど、さまざまな切り口からコンサルタントのことを知りたがっています。

経営者は大きなリスクを抱えながら事業活動に勤しんでいます。その中でコンサルタントに依頼してくださるのですから、コンサルタントは大きな責任と期待を背負うことになります。地域一番の旗をしっかり立てておかないと、簡単に折れて、リピートがないコンサルタントになってしまうでしょう。

テクニックだけでアドバイスができる時代は終わりました。経営者は我われの思いや、覚悟を常に見ています。

04 地域でクロスメディアを展開する

□ 新聞は信頼度がバツグン

ここまで、地域ではＳＮＳなどを活用してうまく情報発信していこうとお話ししてきました。本項では、その他のメディアとして新聞、フリーペーパー、チラシ、パンフレット、名刺などを活用して認知度を向上させていく方法について解説したいと思います。

何と言っても、新聞は今でも信頼度がダントツトップのメディアです。新聞に掲載されるのはなかなか難易度が高いことですが、チャレンジしていくことが大切です。

例えば、独立したてのコンサルタントが個人として掲載されることは難しくても、お客様の商品やサービスなどを掲載できるように支援してくことは比較的容易です。私のお客様も地方紙や、日本経済新聞の地域欄等にかなりの頻度で取り上げられています。

これは、日頃から新聞に取り上げられやすい内容に商品・サービスを作り込んでいくこと、または、社会性を高めて公共的な記事として取り上げられやすいようにすることがポイントです。具体的には、以下のようなことが考えられます。

- **地域の農産品を使った商品を農業者とメーカーで企画開発した**
- **エコのシステムを工場に導入してエネルギー効率を向上させた**
- **数社共同で新規事業を立ち上げた**
- **大学生とコラボしてご当地弁当の商品開発を行なった**
- **衰退する業界にあって、新しい分野に進出した**

新聞社も、コンサルタントが体裁を整えてくれたニュースリリース等があることで取り上げやすくなったり、より認知してもらいやすくなります。

新聞に掲載されたから直接売上が上がるというわけでもありませんが、掲載された事実をHP、ブログ、FBなどできちんと発信していくことにより、中長期的にその効果は表われてきます。

新聞には公共性が高く、時代に注目される何かがないと取り上げてもらえませんので、それらメディア戦略も同時に考えながらコンサルティングしていくとよいでしょう。

□クロスメディアを展開し続ける効果

活躍しているコンサルタントの方は、名刺や会社案内のパンフレットやチラシを使って自分を売り込む方法をよく知っています。

そもそも、コンサルタントは何をやっているか、何が得意かを相手に伝えることがなかなか難しい業種です。そのため、きちんと目を通していただけるパンフレットやチラシをお渡しする必要があります。特に、お客様をご紹介いただく際には、紹介しやすいツールがないと、チャンスを逃すことになります。

ツール類は、**デザイナーに多少お金を払ってでも準備しておいたほうが、後々効果が出る**ようになるはずです。

これまで紹介してきた、HP、ブログ、SNSを含めたウェブ上のメディアと新聞、フリーペーパー、チラシなどのペーパーメディアをうまく組み合わせて情報発信をしていくことで、**1つのメディアで発信するよりも、より効果的に認知してもらえるようになります。**

FB→ブログ、チラシ→FBなど、一連の情報発信の流れができたら、それぞれのメディアの特性を理解し、効果がしっかり表われるように情報をアップしていくことが大切です。日々の活動の中で、常に情報発信を意識していく必要があり、コンテンツ作成などの手間も若干かかりますが、**少額の費用で思った以上の効果を上げることができます。**

私の場合、チラシとFBを連動させることにより、セミナー、イベントの参加者が毎回30名は集まるようになりました。

活動情報を溜めて発信し続ける中で、なかなか難しいのが「続けること」です。

独立当初は比較的時間を割くことができますが、お客様が増えてくると、コンサルティング活動が忙しくなって情報発信がおろそかになってしまいがちです。私自身も何度もやめかけたことがありますが、その都度、気を取り直して再開することにしています。

地道に続けていくと、思わぬ仕事の依頼がくることがあるからです。

私も、日々の情報発信が地元のテレビ局の担当の方の目にとまり、「地域の中小企業に関するニュースのコメントをお願いしたい」と依頼があったり、仕事をしたことのないエリアの支援機関からセミナーの依頼を受けたりと、いろいろな効果が出ています。

実際にお会いして依頼いただいた理由を聞いてみると、「FBで見つけた」「ブログを読んだ」という声がとても多いのです。

基本的なスタンスや考え方はHPや名刺に掲載し、その裏付けとなる活動実績を、ブログやSNSなどで発信していくことで、後々大きな成果が得られていくことになります。

「未来のお客様を探している」つもりで、やり始めたらやめない覚悟をもって取り組んでいきましょう。

6章

大手との差別化を図る情報ネットワーク

01 地域の情報ネットワークの作り方

□空中戦ではなく地上戦で戦う

地域で情報ネットワークを作っていくには、**業界のトレンドよりもローカルな情報をとにかく集めていく**ことが重要です。ローカルな情報とは、ある会社が今度こういった分野に進出するとか、ある企業がこの分野に興味があるとか力を入れているといったことです。また、この分野で人を探しているなど、**ホットで小さな情報が入ってくる仕組み**を作っていくことが地域では大切になります。

地域に根差し、1社1社に対して泥臭く営業活動して築いたネットワークから情報収集することを「**地上戦**」と呼んでいます。これに対して知名度やブランドを活かして、広いエリアでターゲットを獲得する活動の中で築いたネットワークから業界の最新情報を収集することを「**空中戦**」と呼んでいます。主に全国を対象とした、業種特化型のコンサルティングがそのイメージです。

地域でネットワークを作っていくには、いくつものポイントがあります。地域は「人で成り立っている」とお話ししましたが、人こそ情報ネットワーク形成の大きなポイントです。ネットだけでは伝わらない、本当に価値のある情報をいかに獲得するかが、地域で活躍するための強い武器となります。

地域でネットワークを構成して戦っていくためには、まず地上戦で徹底的にローカル活動を展開していく必要があります。

そのためには**地域ごとの商工会議所、商工会の担当者と顔見知りになる、新聞記者、金融機関担当者と仲良くなる**など、地域に特化した情報が得られるところに出向いて、自ら情報を収集してくることが大切です。

一見非効率に見えますが、1件1件、こちらから出向いて地上戦を戦える準備をしていると、いつの間にか各エリアごとに情報や取り組みが自然に入ってくるようになってきます。3年後にはその効果は計り知れないものとなって、常にホットな情報が自分のもとに集まってくる状態になるでしょう。

□空中戦にどう対応するか

空中戦は、東京を起点に業界の最新情報など発信して、地域企業をお客様にしていきます。これは、地域で活動しているコンサルタントにとって非常に戦いにくいところです。最新の情報は、全国から情報が集まる東京にあります。コンサルタントという業種の特性上、どうしても、最新の情報は東京や大都市圏に集中します。地域と東京の情報の量や質では、実際に大きな差がある点も確かです。

しかし、地域企業においても、全国に営業エリアを広げたり、展示会や商談会に出展する機会は増えています。そうした企業に対して有効なコンサルティングを行なうためには、全国区レベルの最新の情報といった空中戦がどうしても必要になってくるのです。

我が社が東京に事務所を設けているのは、地域企業を空中戦でも支援できるようにするためです。集客というよりは、東京で情報収集したり、地域のお客様のプラスになるネットワークを作っていく活動拠点にしています。

□地上戦の効果を上げるには

では、地上戦を有利に戦っていくためにはどうすればよいのでしょうか?

そのためには、空中戦に対応する情報収集できるネットワークを自分でも作っていくことが求められます。定期的に経営者の会合や勉強会に参加するなどネットワークを形成しておくことが大切です。私も独立以来、そのような場所には参加し、新たな人脈形成や最新の情報収集をするようにしています。

東京では新たな情報を得ること、そして、東京で全国区の人脈を構築していくことが可能になります。このことは**将来、私のお客様が東京に進出するときなどにおおいに役立つだろうと考えています。**

地上戦を戦ううえでの情報については、定期的に情報源の人に会う、SNSで連絡を取り合う、自分の活動をブログに掲載するなどして、接点を常に持っておかなければなりません。とにかく地域では、**知り合いかそうでないかの違いは何のビジネスをやるうえでも重要**な点です。情報を取得して、得意の地上戦に持ち込みましょう。

□情報を制したものが地域を制す

これからは、地域でも情報戦が激しくなってくることが予想されます。最近、お客様からの相談で多いのが、海外進出についての相談です。「ラオスに農園を作る計画があるんだけど、何から手をつけてよいのかわからない」「インドネシアに工場を作りたいけど、どう思う？」といった相談をいきなり受けるわけです。

もちろん私は即答できませんので、知人にその分野に詳しい方を紹介してもらったり、専門家に費用を支払って調査をすることがあります。こういったときに全国区の人脈があると大抵、それに近いことをやっている人、詳しい人が見つかります。そこから得た情報をまとめてお客様に届けることで、地域にいながらより満足度が高まっていくことになります。

情報戦を勝ち抜くためには、**常に情報が入ってくる仕組み**を構築していく必要があります。ネットに情報が溢れる今日、情報には本当に有益なものと、取るに足らないものが玉石混交となっています。有益な情報を多く持っているコンサルタントはお客様から相談が絶えなくなります。また、自分の専門分野以外でも相談されるようになり、ビジネスチャンスが広がっていくはずです。

私は、基本的には取引している経営者など、**人を介した情報が一番信頼できる**と考えています。これはもちろん、地上戦を戦うために自分の足で稼いだ情報ということです。わからないことであれば、この分野なら誰に聞くといったネットワークを、独立当初から意識して作っておくのです。

金融のことなら誰、不動産のことなら誰……というように、意識して地域で人脈を構築していくことで、かなり密度の濃い情報が入ってくる仕組みが作れます。

地域の経営者の方々はどうしても同業者で人脈を形成してしまいがちですので、異業種での情報ネットワークを作っておくと重宝がられます。そのためには、情報を持っている機関（行政、金融機関、商工会議所、商工会）と定期的に面談できる機会を作っておくことが何より重要です。

日々の業務が忙しくなると、こうしたことをおろそかにしがちです。**3年後を見据えて、こうしたネットワークを維持していくほうが大きな果実を実らせてくれる**はずです。

02

地域人脈ネットワークの構築法

□地域での人脈作り

それでは、地域で「人脈ゼロ」の状態からどうやって人脈を作っていくのでしょうか？地域には、ローカルルールがあります。イベントの主催者、会合の幹事など、**地域のキーマンを事前にリサーチしておき、地域のしきたりを聞いておきましょう**。そして、それぞれの人間関係などについても、そうした付き合いの中で確認しながら、地域に馴染んでいくことが必要です。

独立当初、私は誘われる会にはすべて貪欲に顔を出すようにしていました。ある社長から「おまえは、どこにでもいるな」と言われたこともあります。

地域には倫理法人会、法人会、青年会議所など、さまざまな経営者の集まりが存在しています。まずはそれらの集まりがどのような会で、どのような経営者が参加しているかを、自ら出席してリサーチすることが重要です。

あの会にいたあの社長は、この会にも出ている。そうすると、この辺の経営者と仲がよさそうだ……などと仮説を立て、それぞれの会の趣旨を踏まえて情報を蓄積していきます。当然、それぞれの会の会長には広い人脈がありますので、自分の事業計画を聞いてもらうなど、関係を持つように心がけましょう。

会う回数が増えていくと、経営についての相談や、人を紹介してほしいという話をされることが出てきます。ここできちんと成果を上げて、地域での安定した活動を目指していきましょう。

◻どこからが人脈と呼べるか?

事業を行なっていくうえで、その後の業績を分ける一番の要因が、人脈です。

独立当時、銀行を退職してビジネススクールに単身で通ったこともあり、お金もなかった自分には、少しずつ増えつつあった人脈が唯一の頼りでした。

よい人脈を形成するためには、**「相手にとってのメリットを理解できるか」がその後の付き合いに大きな影響を及ぼす**ということを知っていなければなりません。

よく一方的にお願いだけをする方がいらっしゃいますが、特に人の紹介を依頼する場合などは慎重にならなければなりません。定期的に会う機会を設定したり、最近会っていないなと感じたら、こちらから連絡を入れてみるなどを心がけていくことが必要です。

私も、いろいろと独立当時からお世話になった方で「最近会っていないな」と感じたら、話したいネタを作って電話をします。また、相手の会社の近くに行ったら立ち寄ってみるなどを実践していれば、関係性も長続きして、そこから仕事につながることも多いです。

また、毎日のように名刺交換し、人と会っていると、人脈と言えるラインがわからなくなってきます。私は、人脈と呼べる方は「**こちらが頼みごとをしたり、会いたいときに、実際に会って話を聞いてくれる人**」と定義しています。

飲み会で定期的に会っていても、なかなか人脈と呼べるまでには時間がかかります。地域のよい点は、顔を合わせる頻度も、ＳＮＳなどを使って情報がやり取りできる機会もとにかく多いため、人脈形成の活動を、通常のコンサルティングの他にしっかり行なえることです。日々のこうした活動により、ネットワークが形成できるのです。

□地域の人脈を活かしていくために

地域の人脈を活かすためには、ズバリ人脈を維持しながら、より仕事につながる関係性を深めていくことです。うわべだけのお付き合いではなかなか仕事には結びつきません。単に飲み会だけで人脈を作ろうとすると、仕事にまでつながらないことがほとんどです。

私は、仕事の実績を同時に上げ続けることにより、人脈も生きてくるのだと思っています。仕事は欲しいけれども、パンフレットはない、仕事の実績もない……では、どんなに仲のよい方であっても、仕事を紹介しようにも困ってしまいます。

せっかく形成した人脈を活かすためにも、自分のサービスをきちんと構築し、わかりやすく説明できる態勢を整えておきましょう。

多くのコンサルタントが、人脈をうまく活かせずに空回りしているのではないでしょうか。**せっかく人のつながりもあって、話すと優秀なのに、その後のアフターフォローが惜しいという人が少なくない**ように感じます。「仕事がない」と言っている人に限って、行動量が少なく、人脈形成にも熱心ではないことが伺えるのです。

03 公的機関と情報共有するには

□公的機関との関係性の築き方

2章5項で支援機関や金融機関への営業についてお伝えしましたが、ここでは、そうした公的機関とどのように情報ネットワークを築いていくか、ご紹介します。

公的機関との関係性を築いておくことは、地域で活動するにはとても役立ち、また効果的なことです。私も、さまざまな公的機関から情報をいただいたり、ともにお仕事をさせていただいていますが、信頼を勝ち得れば、いろいろな面で効果が出てきます。

公的機関には、企業にとって有益な制度の情報が最初に届きます。コンサルタントとしては、この情報をいかに早くキャッチして、お客様にお知らせできるかが勝負になります。常時、官公庁のHPを確認する、コンサルタント向けのセミナーに参加するなどして、補助金の申請情報、業界の公的なデータ、新商品開発における事例といった新鮮な情報を仕入れられるようにしましょう。

□情報は交換するもの

公的機関からの情報収集方法については、定期的な訪問による関係作りが基本です。「近くに来ましたので」と、特に用事がなくても顔を出すなどして、とにかく接点を持ち続けることが大切です。

そして、次の点を踏まえて情報収集できる体制、関係を築いていきましょう。

- **各機関にいつでも会ってくれる、電話できる窓口的な人を作っていく**
- **新しい施策が決まったり、制度が変わったりした段階で都度連絡を入れる**
- **公的機関の制度を活用する企業を紹介する**
- **公的機関が必要とする施策、テーマに積極的に協力する**

各機関が取り組む施策は毎年変わります。今では国がホームページなどで施策を、事例を交えながら発表しています。これらの資料から具体的にどういうことなのかということを質問したり、相談したりすることにより、お互いに最新の施策に関する情報を共有できることになります。

公的機関は国の方針に沿った運営が求められます。その実行段階では、フットワーク軽く協力してくれるコンサルタントのような役割の人材を必要とする状況があるのです。

□公的機関とパートナーシップを結ぶには

情報収集できる関係性を築いたのであれば、経営計画を作成する際の費用の補助など、公的機関の施策を活用する際にお客様を紹介する、されるパートナーシップを構築していくことがベストでしょう。

先ほど述べたように、公的機関は施策について目標を持って取り組んでいます。この施策をどう地域に浸透させるか、予算を執行するかがポイントになります。

そのときに、地域密着でやっているコンサルタントなら、その施策に該当しそうな企業がすぐに思い浮かびます。そういった企業にアプローチをかけて自分のお客様にしていくとともに、公的機関の支援も受ける、そのうえ、自分の実績にもなるといった「一石三鳥」になりうるのです。

地域企業と公的機関を常時結びつけることができるコンサルタントは、**地域のハブ人材**として重宝されます。

今、地域では人を結びつける人材が数多く望まれています。これらの意味からも、地域でコンサルタントになり活動するということは、単なるビジネスとしてではなく地域貢献にもなる時代なのです。

04

お客様のための情報収集術

□地域の情報を集める方法

さまざまな情報を集めても、自分にとってプラスとなる知識やスキルばかりを吸収しようとするだけで、**有効に活用していないコンサルタントが多い**と思います。

私は独立当時から、「お客様のためになること」を常に考えながら行動してきましたが、行きつく先は、**お客様の売上を増やす**ことになります。そして、そのための情報をいかに取り入れていくかを考えています。

基本的には、地域における業界動向、お客様がランキング何位ぐらいの企業で、どのあたりの企業が競合になっているのか？　などの企業情報を、いろいろな角度からエリア別に仕入れていく必要があります。

例えば、**帝国データバンクや東京商工リサーチの県内順位を把握し、上位10社、さらに規模の近い企業をリサーチ**します。大まかなリサーチができたら、地域人脈を駆使して業界内の他社を「社長、あの会社のことご存じですか?」と今度は足でリサーチしていきます。そうすると、だいたい大枠が理解できるのです。今何に取り組んでいるのか、その社長の趣味嗜好、後継経営者の有無、新規事業への取り組み度合いなどです。

次に、同業種のコンサルタントにヒアリングをします。「**○○先生、あの会社についてご存じですか**」。これもおおよそヒットします。こういったところで地域の税理士、会計士、中小企業診断士、社会保険労務士、コンサルタントの方々とネットワークを構築しておくことがプラスになります。

さらに、行政、金融機関、支援機関などからも地域の事業者の情報は具体的に得ることができます。ただし、これは時間がかかりますので、1~2年がかりで関係性を築いて、いつでも相談できる体制を構築しておくことが大切です。

ここまでやっている地域コンサルタントはなかなかいないと思いますので、**自然にその情報の上にさらに情報が集まり、鮮度の高い情報を収集できるようになります**。これらの現場から集めた情報は精度も高いので、お客様の満足度も高まります。

□競合とも知り合いになってしまう

地域では、活動年数が長くなればなるほど、交友関係は蜘蛛の巣状に広がっていきます。それに伴って、いい評判が広まるスピードも加速していきます。これは、全国区のコンサルタントが本を出版したりして一気に有名になっていくのとはちょっと違う感覚です。

ただ、交友関係が広くなればなるほど、お客様の競合の方とも知り合いになってしまうこともあるのが悩みどころです。知り合いになるだけならまだしも、知人を通して仕事を依頼されてしまうことも発生してきます。

そのようなときは、さすがに競合会社の支援はできないのでお断りしますが、情報が勝手に入ってきてしまうことはしばしばあります。

05 機密情報の管理は慎重に行なう

□情報が命取りになることも

地域でコンサルティング活動を行なっていると、知らないほうがよかったと思うような情報も入ってくることになります。「A社長は、あそこの飲み屋の誰と付き合っている」「ある会社の社員が持ち逃げをした」など、おそらく、私がコンサルタントという職業柄「絶対に漏れないだろう」という前提があって、普段は話さないことも話していただけているのだと思います。

ただ、知ってしまうと扱いに困る情報も多々あります。地域で活動していく中で、やればやるほど面倒になってくるのが、さまざまな利害が絡む情報が入ってきてしまうことです。飲食店の店舗出店情報、競合の新規事業情報など、地域に深く絡めば絡むほど、そういった情報が入ってきてしまいます。

この情報が命取りになることもありますから、くれぐれも慎重に扱ってください。「○○さんが言っていた」などというのは、地域ではよくあることです。やっていること、顔を知っていることが前提の関係性ですので、悪事千里を走るではないですが、言ったこと、やったことがすぐに広がります。

かつて私も苦い経験をしたことがあります。ビジネスマッチングなどで紹介したお客様同士で、最初はうまくいっていたのですが、途中でアクシデントがあり、取引がこじれてしまいました。紹介者の私が間に入って問題を解決しようとしたのですが、片方の社長にだけ着地点などをアドバイスしてしまったことが、もう一方の社長には、身勝手なふるまいに映ったようで、結局、取引解消となってしまいました。

□情報は常に二人称で考える

コンサルタントにとって、誰かが言っていたなど、**その場にいない方の話題をするときには、マイナスな発言は避ける**ようにしたほうが無難です。自分としては世間話程度に捉えていたことが、思いがけず公信力を持って広まっていってしまうことがあります。

余計なことを言ってしまい、不信感を持たれてしまってはマイナスです。知っていることのすべてを口に出せないのが、この職業です。自分のお客様に相談されれば表裏なく情報提供しますが、そうでない場合、「やっかいだな」と思った段階で、うまくかわすコツを覚えておきましょう。

コツとしては、

①お客様との話と、それ以外の会合等の話の内容をきちんと区別する
②話に出てきた経営者などにプラスの効果が働く話以外は極力発言を避ける

など、自分の中で対応のルールを決めておくことです。

□人の噂も75日

経営者同士の集まりでは、ある会社の噂や誹謗中傷を耳にすることがあります。特に、目立つ人ほど話題になります。

ただ、経験上、そうした話題は大抵が噂の域を出ないものです。こういったときに、**コン**

サルタントはこれらの類の噂に乗ってはいけません。噂はあくまでも噂と割り切って、自分の目で直接確かめる癖をつけていくことが大切です。

「あいつがこんなことを言っていた」「あの会社はもうすぐつぶれる」などといった噂は、地域では無用のトラブルを生む原因にもなります。

とにかく情報の真偽については、**自分と本当に信頼できる方から以外の情報は絶対に信じない、話さない、判断材料にしない**という徹底したスタンスが必要です。

噂というのは、75日ぐらい後に思い起こしてみると、面白いようにまったく根拠がなかったなどと気づくことでしょう。噂話に惑わされているようでは、コンサルタントとしての軸がぶれてしまいます。

06 地の利を活かしてお客様紹介の波を作れ

□エリアを広く影響力を作る

地の利を活かして営業展開していくには、地域で人口の一番大きいエリアに拠点を置いて、まずはその地域を重点的に顧客開拓していくことが必要です。どの地域でも人口が一番多い都市、県庁所在地やそれに準ずる都市に大きな企業が集まっていたり、経営をさらによくしたいと思う経営者が多いものです。それは競争も激しいことと、経営者の上昇意識がそうさせているのだとも思います。したがって、まずはそのエリアから攻め込んでいくのが常套手段です。

都道府県の最大マーケットのエリアで一番になることは、その他のエリアでも一番になりやすくなるということです。コンサルタントに依頼するような事例が発生する件数が多いのも、やはり企業数が多いエリアです。そのエリアで知名度が高いということは、当然企業に対する影響力も大きく、周辺のエリアへの進出も容易になります。

□ともに考えるスタンスで共感を得る

お客様に寄り添うように一緒に考えるコンサルタントは長期契約が結びやすいという話をしましたが、紹介も得やすくなってきます。通常は、いいと思うものは自分の知人に知らせていきたいという口コミの原理が働くものですが、いかんせんお客様はコンサルタントを入れていることを周囲に積極的に語りたがりません。

コンサルタントを雇っているということは、人間で言うと病院通いしているようなイメージがあるのか、どれだけ改善が図れたとしても大々的にPRしてくれる方はまずいないと思ったほうがよいでしょう。

ただ、長くお付き合いをすることで、社長と仕事以外での接点も多くなってきます。一緒に飲みに行ったり、山登りに行ったり、会社の行事に参加したり、こういった接点からいろいろな方と自然に知り合いになっていくことは多々あります。経営計画発表会などは定期的に毎年お会いすることにもなるので、とにかく自然に知り合いになってしまいます。

そこまでいくと、きちんと紹介していただけますし、その後、訪問したり、相談に乗るなどすれば契約に至るケースも多いでしょう。

大抵、社長は大げさに紹介してくれますが、日々の仕事ぶりから皆に教えてあげたい、誰かに紹介してもOKだなと思ってもらっていなければ、このチャンスもありません。日頃から共感を呼ぶような対応、スタンスを心がけていくことが紹介をいただく近道なのだと最近つくづく思います。

□地域で紹介されるポイント

地域で紹介を得るポイントは、**深い関係性と実績**です。ともに考えながら成長するというスタンスで精いっぱい相手に尽くしていると、必ず信頼感や関係性ができあがってきます。この関係性は社長とコンサルタントの間のみに生まれるもので、他の人にはわからない恋愛関係に似たようなものかもしれません。

紹介いただくのに何よりも大切なことは、これまでの依頼の中で確実な実績を上げているということです。売上を上げる依頼でサービス提供しているのであれば、販路の開拓に一緒に取り組んでいき、その結果を出すことが必要です。また、新規設備の経営計画作成の依頼であれば、計画策定を進めていく過程で、活用できる補助金や減税の施策を顧問税理士の方などと連携して獲得できるようにしていくことです。

期待プラスアルファの成果をお客様に感じてもらえれば、お客様をご紹介いただけるようになっていきます。

なお、大切な知人を紹介いただくわけですので、第一印象、提案、契約に至るまで細心の注意を払って進めていくことがご紹介くださった方への礼儀です。

地域のお客様と長く深くお付き合いすることによって、必要なものは知識やスキル以上に、「**どれだけ相手を思いやれるか**」だとわかってきました。信頼関係がある限り取引は続いていきますし、その効果はさらに高いものになり、会社としての評価も向上して次のお客様も確保できるのだと私は考えます。

7章

サービスの質を上げる関係作り

01

新規のお客様よりも既存のお客様を重視する

□新規客の取り方だけでは成功しない

私自身、独立前からいろいろな本で新規客獲得の知識を吸収して、実際に試してきました。しかし、新規客をどう開拓するかといった内容が多く、既存の客をどのようにフォローするのか、長く付き合っていくのかについては書かれた本がなかったように思います。

私も独立当初は数を稼がねばと、新規客の獲得に躍起になっていましたが、**新規客一辺倒の顧客開拓ではいつかお客様が途絶えるときが来てしまいます**。特に地域では見込み客から契約に至るまでの数自体が少ないわけですから、ネットで大々的に集客するような手法はビジネスとしてとても脆弱になってしまいます。

それゆえに、独立前から長期の既存客重視といった方針を掲げたほうが、後々いろいろな意味でメリットが出てくることになります。

どの商売でも一緒ですが、新規客を獲得するためには、マーケティングのテクニックを知るよりも、既存のお客様の紹介が最も有効で、しかも相性のよいお客様と出会うことができます。

□新規客より既存客重視の理由

新規客より既存のお客様を重視するべき理由は、他にもたくさんあります。まず第一に関係性が築けていると、業務負担が軽くなります。お客様を深く、自社のことのように知ることにより、いちいちリサーチしなくとも業界での立ち位置、狙っている数字などが自分の体に染みついていきます。そうなれば、コンサルティングの準備も、普段の業務の中で負担なく行なうことが可能になります。

事業の性質からいっても、コンサルタント業は時間による制限が常にあります。結局、同じお客様と長くお付き合いすることが、トータルでの収益アップにつながるのです。

また、入ってくる情報も密度が濃くなってきます。仕入れルート、従業員の課題など、部分的なコンサルティングでは見えてこない側面が多々見えてきます。そして、それら一般的な分析では見えてこない、深い部分に事業のツボがあるのです。

中小企業の場合、常に自社を分析しているわけではないので、何が強みか、弱みか、なぜお客様が自社の商品を買ってくれているのか理解してない場合が少なくありません。長期的にお付き合いしていくうちに、事業のツボや業界の成功要因が見えてくるようになります。これは、**コンサルタントとして成長していくためにはとても大切な資源**になっていきます。

そして何より、トライに対する結果を見て、さらに改善する機会までを得られるのが長くお付き合いするメリットです。

地域企業では、ＰＤＣＡのサイクルが確立されていないのが一般的です。この一連のＰＤＣＡサイクルの過程に関わることにより、事業化の成否という貴重な体験を共有することができるのです。

これが、部分的なコンサルティングで計画段階で終了、社内セミナーで終了ということでは、せっかくの一連のサイクルを理解する前に契約が終了してしまうことになります。

これはとてももったいないことだと思います。私にも、そのような依頼が回ってくることがありますが、もう少しで成果が出たはずなのにと思うこともあります。とにかく、地域企業で成果を上げるためには、「続ける」ことが一番の成功要因なのです。

□既存のお客様と長く付き合う秘訣

既存のお客様と長く付き合っていく秘訣には、まず1つ目に、テーマを変えていくということがあります。会社の状態がよくなると、課題がレベルアップしていきます。

例えば、資金繰りに窮していた会社が1年経って資金繰りの課題を解決したとします。そうすると、経営幹部の課題が目の前に横たわったり、商品・サービスが時代に合わなくなって商品企画・開発を行なわざるをえなくなるなど、さらに高度で解決が難しい課題が山のように押し寄せてくるのが経営です。

いつも思うのは、子どもの頃にやったロールプレイングゲームと一緒で、エリアをクリアーしてもさらに強い敵が現われるために、自分をレベルアップしなければならない構図に似ているということです。しかし、経営には最終クリアーがなく、終わりのない戦いといった点がまったく違うと思います。

私たちコンサルタントは、どんな課題が生じているのかを整理して、長期的な観点からクリアーする方法を一緒に考えていくことです。常に先のテーマを設定して、一緒に解決策を考えていくことで、自然に取引年数は2年、3年と長くなっていくことになります。

地域で活動している中で、お客様の「大切なお客様」を紹介いただけるようになったら本物だと思います。事実、我が社においても、既存のお客様からのご紹介がここ2年間増え続けています。むやみやたらと新規客獲得の営業はせずに、既存客重視思考でいきましょう。

02 自分主催の勉強会を開催する

次世代型経営者の勉強会「SUCCEED CAFE」

お客様と長期的な関係性を築くうえで重要なことが、**自分のコンセプトや考え方に共感していただく**ということです。

しかし、お客様と共有できる時間には限りがあります。訪問時は課題の検証、打ち手の設定、改善策の提案等で終わってしまうのが現実です。

「本当なら、もっとこの部分を知ってもらいたいんだけどな」「こんな情報も提供したいな」と思うことが多くなります。そこで、定期的に勉強会を開催して、自分のお客様、知り合いの経営者と共通のテーマについて深堀していくということが時間の制約を解決する1つの方策になります。

最初は、「私の名前で人が集まってくれるか」「毎回企画が大変で他の仕事に影響しそう

SUCCEED CAFEの様子

さまざまな企画を行なうことで、多くの接点を作り出す場となっている

だ」と不安になりますが、小さくてもいいので、できれば事業スタート当初から草の根的に始めることをお勧めします。

私自身も宇都宮で月に1回「SUCCEED CAFE」という勉強会を開催してきました。すでに回数は30回を超え、毎回必ず参加していただける経営者の方もたくさんいます。

スタートしたのは、独立した次の月で、最初は知人経営者だけの4名からスタートしました。コンサルタントの先輩にも手伝ってもらい、少しずつ参加者を増やしてきました。その過程でいろいろな企画をぶつけてきましたが、軌道修正や改善を行ないながら発展中といったところです。

・ライトニングセッション

参加者に7分間で自分の事業や今後の展開などについてプレゼンテーションしてもらいます。それについて全員でディスカッションしていきます。参加者のスキルアップにもつながります。

・ケーススタディ討議

テーマを決めて、マーケティングにおいて実際にあった事例をケーススタディにまとめて、テキストを作成して各自が読み込んできたうえで、自分だったらどうするか、別の方法があるかなどについて討議を行ないます。

・新商品告知

新商品の情報発信、販路確保のためのマッチングなど、常にお互いに協力し合えるような体制を作っておきます。実際に使用したり、食べてみたりして感想を出し合います。

・外部講師を呼んでの講義

参加者のニーズが高いテーマについて外部講師を呼んで講義を行なってもらい、テーマにおける知識、ノウハウのレベルアップを図っていきます。参加者の満足度も高く、最も多く人が集まる企画になりました。２０１４年は栃木県の事業受託を受けて「とちぎ経営人財塾」として地域の経営者１５０名に参加いただき、開催することができました。

・優良企業視察

テレビや新聞で取り上げられるような、革新的な取り組みをしている企業に訪問するツアーを企画します。経営者は、他社の現場を見たり、他の経営者の考え方や手法に触れる機会はなかなかありません。そのような状況を踏まえて企画を立てるのです。

これらの企画により、お客様との接点が増えていくことになります。そして、ともに勉強した内容が共通認識となり、目指す方向が1つになることでコンサルティングの効果も出やすくなります。

毎月ツアーの運営をすることは大変でしたが、参加してくれる方が少しでもいればと続けてきたことが、大きな成果につながっています。

□考え方の共有が関係性強化につながる

勉強会やセミナーなどで接していくうちに、お客様のビジョンや戦略策定の支援がより明確になってきます。多くの地域企業にとって、自分で課題を見つけ出し、その解決策を見出すことは容易ではありません。オーナー企業では、それらの指摘をする役割の人間がなかなか近くにはいないからです。

後継経営者や若い経営者は、自分の時代をどう生き残っていくか、真剣に考えています。これらの方々が担う次世代の経営にともに取り組んでお客様との関係はより強固なものになってきます。

コンサルティングで一番難しいのが、この考え方を合わせていくことです。定期的な会合でお互いに理解し合い、ともに成長していくことは、長期的な関係を続けるのにとても効果的です。

□回数を重ねることによる効果

回数が10回、20回、30回と重なるにつれて、情報発信力もついてきます。まさに「継続は力なり」ではありませんが、いろいろな効果が表われてくるのがわかります。

私が主催する「SUCCEED CAFE」も、お客様が知人の経営者を誘ってくれることにより、今では集客の努力がほとんど必要ありません。参加者の皆さんが「サクカフェ」と愛称で呼んでくれるのも、回を重ねてきたことによる結果だと思っています。

さらに、初期から参加している方々の、経営者としての実績が出始めています。続ければ続けるほど、会で共有できる実際の事例や商取引が増え、毎回、参加者同士のビジネスマッチングも起こってくるようになります。

今では延べ700名以上の経営者が参加していただき、その情報発信力はとても強くなってきました。勉強会を成功させることで、勉強会の事業化も可能になってきます。

「SUCCEED CAFE」をさらに発展させた「地域企業の人づくり」をテーマにしたリレー講座「とちぎ経営人財塾」もその1つです。会の実績がついてきたことで、なかなかお越しいただけないような外部講師にも参加いただくことが可能になりました。

最初は続ける自信もなくスタートした自主的な会費無料の勉強会でしたが、会社の新規事業を生み出せる段階までできました。平成26年の10月で36回重ねた現行体制での勉強会はひとまず終了し、今後、さらに運営体制を強化し、内容を充実させていく予定でいます。

勉強会成功のポイント

勉強会を継続して成功させるにはポイントがあります。

私がまず心がけたのは、長期的に参加してくれる知り合いの経営者に、主催者側として協力してもらうことです。４名から５名が理想で、お客様であればなおよいでしょう。

さらに、地域で経営革新に熱心であるとか、一定以上の規模の会社の社長や後継者に毎回参加してもらえると、大きな成功要因となります。

一定期間開催していると、会のブランディングを行なっていくことができるかどうかが会の存在を左右します。世の中には、伝統あるものから、新たに仲間内で立ち上げるものまで、さまざまな経営者の会があります。そのため、差別化を図り、エッジを効かせた会にしていく必要があります。

私は、「次世代型経営者」というテーマを設け、「創業間もない若手起業家」「経営革新に取り組む後継経営者」を対象として取り組んできました。

一定の参加者が集まるようになると、情報を獲得したり、ビジネスの種が発生したりするなど、勉強会で学ぶ内容以上に参加のメリットが大きくなり、会に対するロイヤリティも高まります。

そして、会社に持ち帰って、具体的な仕事につながれば、社長、従業員さんに参加の意義も理解していただけるようになってきます。その結果、固定的な参加者が増え、安定的な運営ができるようになります。

03 お客様の仕事を創造するビジネスマッチング

□ビジネスマッチングにいきつく

これからのコンサルタントには、お客様のビジネスマッチングまで手がける力が求められるかもしれません。

例えば、お客様が自社で対応できない業務に関する依頼です。

お客様が新製品を開発した場合には、その開発ストーリーをまとめて、セミナーのときに事例企業として発表させてもらったり、新商品のチラシの反応があった社長をつなげたり、地域のハブのような役割を果たしていくことになります。

長期にお客様を支援していると、当然お客様の戦略を共有することになりますので、日々の活動の中でも「あのお客様にメリットがあるな」「これは紹介したほうがいいな」ということが自然にわかるようになってきます。

お客様は現状、自社にできないことを実現するために、コンサルタントに依頼を行なうわけですから、お客様が欲していることを、先手を打って準備、提案できれば、お客様満足度は高まります。


地域ではビジネスマッチングに対するニーズは高くなる一方です。「よい広告代理店を知らないか」「よいリフォーム業者を知らないか」など、業績のよいお客様ほどこういったビジネスマッチングに対しての要望を持っています。

それらの問い合わせをいただいたときに、すぐに「社長、それなら○○がいいですよ」「何社かあるので当たってみます」とアドバイスできると、頼りになるコンサルタントとして認識してもらえるようになります。

□マッチングのポイント

マッチングを行なうにあたって、私が心がけているポイントを以下に述べます。

①紹介する会社同士の相性

コンサルタントが仲介するということは自然、経営トップ同士を紹介することになります。経営トップイコール社長個人ですので、そのときの相性は、商品内容や業務内容よりもキャラが合っているかがとても重要になってきます。

②紹介者の商品、サービスの品質

コンサルタントが紹介した商品が、一定以上の満足度を得られる商品でなければ、紹介後、こちらの信用を失ってしまうことになります。お客様を紹介する場合でも、商品・サービスの品質はきちんと客観的に判断してから紹介することが必要です。品質が足りなければ、その品質を上げていく努力をしていく必要があります。

③お互いのメリット

片方にメリットがあるようなマッチングは、その後の満足度が低くなりがちです。中長期的にこのマッチングが、双方の会社にとって何かメリットを生み出すような関係に発展していくかを考えてマッチングを図っていくことが大切です。

うまくいっている会社はうまくいっている会社、今はうまくいっていなくともこれからうまくいくような努力をしている会社と付き合いたいと思っています。

これらの視点を常に持ちながらビジネスマッチングを進めていくと、地域での知名度はさらに上がっていきます。

04 自分でお客様の商品を売る覚悟を持てるか？

お客様の広告塔になる

私も独立以来、さまざまな人に会うことができました。**特にエリアを限定して活動していることから、その関係性は年々深くなっていく**傾向にあります。それらのネットワークは、地域で活動する上で最大の財産になります。

私は、自分のお客様が自分と取引していることにより知名度が上がったり、会社の人気が高まるようにしていくことを常に心がけています。私が主催している次世代経営者の勉強会で、新商品のプレゼンをやっていただいて他の経営者に認知してもらうとか、FBにアップして地域のオピニオンリーダーに認知していただくなどといった取り組みが、お客様の印象アップにつながっていくことになるというわけです。

そこで、5章で述べたブログやFBを使って、効果的にPRしていきましょう。その中で、その商品に詳しい方などがコメントをくれます。

特に食べ物に関する新商品は、見ている側も興味が湧くようで、売上につながることも多いです。以前、お客様がクリスマスキャンペーン用の持ち帰りのローストビーフを販売したケースでは、すぐにFBから注文が入り売上に貢献することができました。

今、地域では商品を自ら開発して販売しようという、やる気のある経営者が増えています。これは、経営者が代替わりして、自分の代で新たな分野に進出したい、自分のオリジナル商品を持ちたいと思う後継者が多いことの表われだと思います。

そうした背景から、地域のオリジナリティ溢れる「ご当地商品」に対するニーズが増加しています。当然、自社で開発した商品を、どのように販売していくかを自分で考えて売っていく必要があるのですが、まず支援するコンサルタント自身がその商品、サービスのファンになっていく必要があります。

よく、地域企業の営業力が弱いということが指摘されますが、すぐに営業力の強化を図ることも難しいことです。まずは売り先、売り方、競合調査を一緒に行ない、具体的な売上を立てて営業の支援につなぐことができれば、大きな信用を勝ち得る結果となるはずです。

販路の拡大は、地域企業が望む経営支援の中でも常に上位に上がってくるテーマです。

□最大の支援は売上に貢献すること

お客様の商品はまず自分で購入して、商品に問題があればコメントしていくことをお勧めします。地域企業にとって、定期的にお客様の声をアンケート調査することは難しく、ミステリーショッパーのようなサービスを提供してくれるところもありません。したがって、自分がまず、その役割を担うことにより、お客様の信頼をつかむことができます。

自分で買ってみることで、売上になるだけでなく、商品・サービスの問題点がよりわかるようになります。特に飲食店などは、日によってサービスレベルや料理の品質がぶれることがあります。たまにチェックすることにより、会社の課題も見えて貢献できます。飲食店コンサルタントを目指す方などは、独立前に商品・サービスをチェックするコンサルティングメニューを追加してもよいのではないかと思います。

また、自分で購入することにより商品に愛着が湧いて、その会社に対する思い入れがより強くなります。そのため、自社の商品のように説明することができますし、販売できそうな企業を探したり、相談したりと、自然に営業代行しているようなことになってきます。自分の得意なサービスの上に付加価値として提供できるオリジナルサービスとなります。

地域でコンサルティングを行なううえで心がけておきたいことは、常にその会社の売上に貢献する気持ちと行動です。

同じ地域で生活していれば、自分も一消費者としてお客様の商品を購入することになりますし、販売先の売り場からさまざまなことが見えることもあります。そういった地域特有のリアルな情報を踏まえて、自分の知人に紹介したりするのは重要なことです。

地域企業は営業活動に多くの経営資源を割けない会社が少なくありません。社長のみで営業している、後継者の息子さん１人で営業をしているなど、販売力に限界のある会社が多いのです。そこで私は、自分のお客様に他のお客様の商品を提案したり、販売先をネットで調べてメールを送ったりもしています。

□販売の現場から見えてくるもの

また、営業マンと同行訪問してみると、その会社の営業の真の問題点が見えてきます。社長と面談を行なっているだけでは、現場の実態はなかなか見えず、まして日々の活動については、社長の話と相当かけ離れていることも多いものです。

そこで、お客様に自分用の名刺を作ってもらい、営業担当者と同行訪問をします。実績を上げている営業マンと、そうでない営業マンに同行することにより、どのような営業スタイルがこの会社に合っているのかがわかります。

また、**「お客様のお客様」の声を聴いていくと、コンサルティングを行なっていくうえで有益な情報が集まってきます。**「お客様のお客様」が何に興味を持っているのか、深く理解することができるようになります。

私は改善策のプランニングに先立ち、工場の現場、営業の現場、店舗の現場を徹底的に見てから提案するようにしています。

そうすると、社長の言っていることは一側面からしか考えていないな、こうした対応策が取れるかもしれない、この従業員さんは思った以上に優秀だ、などといったことが直に感じ取れるようになってきます。

05

共同出資して新たな事業を作る

共同で事業を行なう

これからのコンサルタントは、ただ知識をレクチャーするだけでは依頼はこないでしょう。売れっ子のコンサルタントは、会社に深く入り込み、ともに成長するというスタンスで活動しています。縮小する業界でパイを奪い合う、まったくの新興勢力が市場を席巻する。このような環境下で、コンサルタントにも事業センスがおおいに求められるようになるはずです。

これから地域でコンサルタントをやっていくにおいて、事業センスを持てるかどうかに成否がかかってきます。そのためには、地域で多くの情報を持つことが必要になってきます。

私も、職域、活動領域を事業承継、金融、マーケティング、ＩＴへと広げてきました。その中でも最も強化すべきは、事業化に実際に携わるということです。これは、自分も身銭を切って事業を立ち上げるということです。

コンサルタントですから、当然事業計画の策定支援、その他のアドバイスは常に行なっているわけですが、自分と志を一にするお客様、地域の経営者と一緒に事業を作っていくことができるかどうか、これが次の課題です。

□お互いに強みを持ち寄る

この場合、**コンサルタントはコーディネーターとしての立ち位置で取り組む**ことです。コーディネーターは、マッチングした企業の事業を運営していく役割を担います。

自分も出資していると当然、報酬はゼロです。さらに、コンサルタントが事業に失敗することなどタブーですので、プレッシャーもひとしおです。

しかしながら、いろいろな企業の強みを持ち寄って、スタートアップが切れる事業が作れるという点においては最高の立場だと言えます。

地域で3年ぐらい活動していて、円滑に進んでいれば、専業でやっている限り年間20～30社と知り合うことができます。この蓄積は後に、大きな財産になってきます。

かつて支援して実績を残したお客様は、次は必ず味方になってくれます。自分が共同で新たな事業を起こすために必要な情報、人脈などをいろいろと提供してくれます。この結果は徒手空挙で事業を始めるのとはまったく違ったものになると思います。

□自分のビジネスセンスを磨く

私自身も、お客様と共同出資してネット通販のマーケティング会社を運営しています。なかなか自社のみでは対応できない事業でも、お客様と資源を共有することによって実現可能性が一気に高まります。

そして、何よりも、実際にやってみることでさまざまなことが理解できるようになります。コンサルタントという業種は粗利ビジネス（売上＝粗利）であり、仕入れや在庫管理もなく、設備投資もパソコンぐらいです。商売に関する業務を体験することが少ないのです。

私自身も頭ではわかっているつもりでしたが、実際やってみるとわからないことだらけでした。よくスポーツで「体で覚える」と言いますが、無意識で対応できるようになるぐらいになるには、多少のやけど覚悟でやってみるぐらいの意気込みが必要だと思います。冒頭でお伝えしたように、銀行員のときは、なぜ社長が資金繰りぐらいできないのかと思っていた自分が、会社を起こしていきなり資金繰りに窮したというのは笑えない実話です。

最近はセミナーなどでも、うまくいっている経営者が登壇者であるほうが、コンサルタントが話をするよりも人が集まります。経営者は皆、経営の現場のリアルな情報が聞きたいのです。それらに最も適しているのが自分の実体験です。

コンサルタントとして事業をスタートさせて、どのように事業を運営しているのか。どのような失敗をして、どう切り抜けてきたのか。そして、どれだけ成果を上げたのか。これまでとは違った価値感が必要とされています。地域はそのような、**新しい価値を生み出すコンサルタント**を求めているのです。

06 真に地域貢献するコンサルタントを目指す

□地域貢献はバランスが大事

近年、すなわち社会的課題を解決する事業に取り組む社会起業家が脚光を浴びています。2011年の東日本大震災をきっかけに、さらにその存在価値が増しました。さらに、クラウドファウンディングなどで少額の出資をネットで調達できるようになり、社会起業への環境が整備されてきています。

これからますます、社会性や地域貢献をテーマにした起業家、経営者は増えていくのだと思います。私に相談に来られる創業希望者の中にもそのような方が少なくありません。地域密着をうたって活動していくわけですから、地域貢献は必須のテーマだと思います。

しかし、本書で繰り返し述べてきたように、ボランティアコンサルタントにならないよう、**まずは自分が食えるようになることが何よりも大切**です。

私自身も半年間、収入がなかった時期は、当初の理想も忘れかけるくらい、とにかく必死でした。知っている経営者を訪問する日々、それでもなかなか直接仕事には結びつかず、本当にやっていけるのだろうかと苦悩した記憶があります。

これらの経験から、皆様にお伝えしたいのは、順番をきちんと考えて独立を進めていくことだと思います。

【独立前】　理念や事業コンセプト、事業計画を作る
【1年目】　食べるための仕事を確保する
【2年目】　何とか食べていけるようになる
【3年目】　独立前にやりたいことが少しずつやれるようになる

私の過去を振り返ると、このステップで事業が進捗してきたことが伺えます。

1年目の「食べるための仕事を確保する」が、これまでお話しした理念やコンセプトに反するようですが、いったん始まればきれいごとは言っていられない局面になりますし、「貧すれば鈍する」で、自分自身の能力も精度が落ちていってしまいます。

地域貢献は、最低限自分の生活費を稼げるようになってからのほうが説得力もあります。稼げなくても地域貢献のためにやっているからと、ややもすれば逃げ道になってしまうこともあります。

□コンサルティングの社会性とは

先代の時代に人口が減少したことはないし、海外との競争にさらされたことはほとんどありませんでした。したがって、これらの課題に正面からぶち当たって改革を行なうしか、生き残る道はないというわけです。

仕事がないのに無理をして無償でサービス提供する必要はありません。仕事を十分に確保できるようになったら、創業したいという方に無料でアドバイスをしてあげる、信頼できそうな人だったら自分の人脈を紹介するなど、社会性の高い活動に取り組みましょう。

そして、社会性の高いコンサルティングサービスを提供していれば、地域の公的機関からも高い信頼を勝ち得るようになっていきます。

あなたは、自分が食えていないのに、無料でサービス提供し続けるボランティアコンサルタントになりたいですか？

それとも、よいお客様に恵まれ、感謝されて収入を得て、地域貢献もできるコンサルタント、どちらになりたいですか？

当然、後者を誰もが選ぶはずです。

8章

コンサルティングから広がるビジネスチャンス

01

法人運営のメリットとデメリット

□会社にしたほうがよいのか?

私は起業当初から法人でコンサルティング活動を始めましたが、最初から順風満帆であったわけではありません。それぞれメリット、デメリットがあることも確かです。この章では、法人化における注意点、対応が必要になるポイントについてまとめます。

コンサルティング業でも他の事業でも同じですが、最初から法人化をするかどうかは、起業時の大事なテーマです。しかし、税金がこれぐらいだから法人化したほうがいい、悪いというのではあまりに一般的すぎて、私自身、「そういうこと聞きたいんじゃないんだよな」といった感想になってしまいます。

私は起業後すぐに法人化し、2年目に売上1000万円を達成しました。本項では、そうした自分の経験や、これまでの起業・創業アドバイスの実績をもとに、何を基準に法人化すべきかどうかについてお話しいたします。

法人化を行なうにあたって、まず1つ目に「**規模感**」をヒアリングすることにしています。相談者がどれぐらいの規模にしたいのか？ 従業員は雇うのか、雇うとしたら何人ぐらいなのか？ 将来の希望売上高はいくらか？ 本人は会社を立ち上げることでいっぱいで、「規模感？ う～ん」となってしまう方が多いのですが、この規模感によって決まってくると言っても過言ではありません。

コンサルタント業は1人でもやっていけますから、自宅で開業し、将来も1人もしくはアシスタントのみで運営するという場合には個人のほうがいいのだと思います。ただ、私のように、コンサルタントを育成して会社として成長させていきたいと思っている方は、最初から法人にしておけばよかったと後々思うはずです。

また、コンサルタントのお客様のほとんどは経営者ですので、当然、法人にしていたほうが信用度は上がりますし、覚悟の上の起業だと認識してもらえるようになります。

ただ、法人化した場合、最初は確実にコスト高になりますので、その分、自分の収入が少なくなることは想定しておかねばなりません。

2つ目に、その人の持っている「**ポテンシャル**」がキーになってくると思います。どれだけ早い段階からお客様を獲得できるかがポイントです。2年後に実力をつけてから獲得しよう、などと考えているようでは、その間に消えてしまうでしょう。

強みとする分野やコンサルティングのテーマにもよりますが、それらと個人の持っている魅力が合致することが前提です。あとはどれだけ実際の行動に移すことができるかで、その後の到達点が決まってきます。

3つ目に「**事業計画**」をもとにした客観的な判断が必要になります。何年目に売上をどのぐらいにするのか？　どんなサービスで事業を拡大するのか？　事業計画の中に法人化も盛り込み、その過程で採用する人員、サービス内容もスタート段階から作っていることが、法人化には必須だと思います。

◻法人化のメリット

コンサルタントの中には、法人化せずに年収1億円稼いでいる方もいると思います。私も、独立当初は「なんでわざわざ法人にしたの？　経費が多くかかって損でしょう」「かっこつけて会社にして維持できるの？」とよく言われました。

ただ、従業員を採用して経営者としての道をコンサルタント事業で歩んでみたいと思っていたために、そうした声にぶれることはありませんでした。

むしろ、本当に私のアドバイスを求めて聞いてくれる経営者からは、「よく会社にしましたね」「会社でやるという意気込みは伝わる」と勇気が湧いてくる言葉をいただきました。そのとき、地域企業の経営者には「覚悟」が必要なのだなとしみじみ思いました。そして、自分も経営者の端くれになったのだと身の引き締まる思いでした。

また、法人化の手続きの経験はもちろんのこと、社長業を自ら実践することで、コンサルティングでより現実的なアドバイスができるようになるのも法人化の大きなメリットです。

年齢が若く、長期でコンサルタント業を行なっていきたいと思っている方は、会社設立を念頭に置いてスタートするほうがよいかと思います。

会社設立のデメリット

会社を設立する際に、注意しなければいけない点が何点かあります。

まずは、**個人でやっていくよりも経費がかかりますので、早期に売上高を一定の額まで増やしていく必要があります。**最低でも1000万円以上は欲しいところです。

主な経費としては、以下のものが挙げられます。

- **毎月の税理士顧問料（年間24～50万円程度）**
- **事務所を借りれば事務所経費（120万円程度）**
- **設立費用・登記代（20万円程度）**
- **法人税（8万円程度）**

これらの費用は毎年継続的にかかっていきます。

当初はこうした経費の負担を重く感じました。2年目に1000万円以上の売上を確保できるようになって、ようやく事業が円滑に回るようになったという状態でした。

□法人化で始めて体制を整えよう

法人化のメリット、デメリットを述べてきましたが、結局、法人で始めるか個人で始めるか、どちらがよいのでしょうか？

もし、あなたが地域一番コンサルタントを目指すのであれば、**法人化していく道が一番の近道**です。

数多くの現場に対応していくためには、準備にそれなりの時間が必要ですし、業務も煩雑になってきます。それに対処するためにも、スタッフが必要になります。

そのためにも早くから法人化して、組織として対応できる体制を整えておくことをお勧めする次第です。

02 個人の年収と法人売上の相関関係

□個人の年収をどう設定するか

年収に関しては、独立する際に知っておきたいテーマの1つだと思います。本項では、独立後の年収をどのように捉えていけばよいかを考えていきたいと思います。

私の売上は、初年度が550万円、2年目で1150万円、3年目で1350万円、4年目で2000万円と順調に成長することができました。その過程でIT事業を吸収し、人員も増やし、5年目の今期の売上は3800万円を想定しています。

一見、順調すぎる伸びですが、事務所経費、交通費、その他先行投資などの経費は出ていきます。結果として、自分の年収は初年度240万円、2年目480万円、3年目600万円、4年目720万円といったところです。個人のままやっていれば、もう少し経費を節約して年収1000万円は達成できる状況になっていたかと思います。

私の場合、本書のタイトルにもある「売上1000万円」は当初の1つの到達点だったのですが、売上1000万円を達成しても、それほど稼いでいる実感を持てないのが実情です。

上場企業を辞めて独立する人であれば、なおさらリスクは大きくなります。独立当初は売上の半分程度が自分の年収になると考えて活動していくとよいでしょう。

私の場合は経費をかけすぎているほうかもしれませんが、交際費、情報収集費、事務所経費等は先にかけることにより、後々事業がやりやすくなる利点があります。**売上は投資から遅れてやってくる**のです。

振り返ってみると、最初から事務所を借りて、多くの経営者に会いに行くなどの先行投資が今になって生きていているのだと思います。

通常のビジネスと同じで、未来への投資を怠っては、地域密着でコンサルタントをやっていけません。常に新しい情報、人脈を作り続ける努力がお客様の役に立ち続ける秘訣です。

□壁にぶつかりがちなポイント

法人として成長していくためには、コンサルタントを多く抱えて売上を増やしていくとともに、新しいサービスを開発して会社の売りを強めていく必要があります。また、データ分析など1人でできない業務は、役割を分担してアシスタントに委託していくようにする必要があります。

その際にコンサルタントがぶつかりがちな壁があります。それは、何よりも**自分の代わりができるコンサルタントはこの世に2人といない**ということです。

私も独立前からいろいろな方に言われていたことですが、本当に難しく、現在自分の中でのジレンマでもあります。現在、私も、自分と専門分野や特性の違う仲間と切磋琢磨してサービスの幅を広げているところです。

コンサルタント会社は人気職種のため、求人を出すと業歴が短い会社でも応募がきます。ただ、賃金や労働条件など、こちらの都合では採用できないことがほとんどです。

通常、即戦力として、スキルや能力で採用してしまいがちですが、その人が自社の考え方に賛同してくれているかどうかを、最も重視して採用したほうが後々うまくいきます。

また、順調に事業が拡大すると、他のコンサルタントや専門家とチームで仕事をすることも増えてくることになります。

03 仲間を増やしてアウトソース受託する

□増加するアウトソース依頼

地域企業の課題が複雑化、専門化している中、コンサルティングニーズとともに増えているのが**管理、スタッフ部門のアウトソーシングニーズ**です。

地域企業はできるだけ本部を小さくして、収益部門である現場、店舗、営業に資源を割きたいと思っています。その一方で、高度かつ専門性が増している本社部門を品質高く管理したいと考えてもいます。

これまでは、いわゆる士業と呼ばれる、国家資格を保有する専門家がそれぞれサポートするところでした。ところが、近年はインターネット、とりわけクラウドを活用することにより安価、かつ高品質なサービスを受けられる環境になりつつあります。

我が社でも、財務情報のデータ分析やシミュレーション、資金繰り状況の把握、予測を財務金融のアウトソーシングサービスとして受託しています。

□コンサルティングサービスの標準化

売上1000万円を目指すうえで、**コンサルティングサービスの品質や内容を標準化していくこと**は早期達成への近道です。さらに法人化して、採用したコンサルタント希望者にコンサルティングを行なってもらうにも、標準化は避けては通れない道となります。

コンサルティングは属人的なサービスですので、人によってどうしても品質、かけられるパワーに差が出てきてしまいます。そこをなるべく一定にするためには、早い段階から工夫をしていくことが欠かせません。

私も、早い段階から**財務管理シートのフォーマット化**、**管理ツール**、**報告書様式の策定など**、**ツール化**を図ってきました。個人でやっていると、個々の企業に合わせたオリジナルの資料を都度作成することになってしまい、非効率、不採算な作業が多くなりがちです。

そうしたことを防ぐためにも、最初からどのように標準化できるかを考えてサービス提供していくことが重要です。それが将来のアウトソース受託化につながっていくと思います。

□チームで支援を行なう効果

標準化が進み、定期的なチェック体制が構築できると、自分以外の人間でもデータ管理することが可能になり、次には**チームで取引先を支援する体制が築ける**ことになります。

例えば、入力・分析はAさん、環境分析・マーケティングリサーチはBさん、というように分担して、お客様にサービスを提供することができるのです。

私も、最近は入力、分析はアシスタントに任せています。これにより、私は、営業、会社の戦略構築、お客様の新しい課題の設定など、将来を見据えた業務に打ち込む体制が整備されました。

コンサルタントは属人的な職種のため、自分以外の人間がサービス提供することは難しいとよく言われます。しかし、それらの難しさも、標準化、ツールの制定、業務のアウトソーシング受託を行ない、長期的にお客様との関係性を築いていくことで解消できます。

企業の課題、ニーズは多岐にわたります。時にはお客様の依頼はわがままだと感じることもあるぐらい、要望事項はどんどん増えていきます。しかし、それらのニーズに的確に応える体制を整備することにより、さらにお客様の満足度も高まっていくはずです。

□広がるサービスメニュー

標準化によりチームでの対応が可能になると、提供できるサービスのメニューも一気に増加します。我が社においても、アシスタントが人材派遣会社で働いていた経験があることから、人事系のコンサルティングサービスを提供するなど、私1人でやっていたときには、できなかったメニューが増えて、サービスに広がりを持たせることもできました。

私自身も経営者として、現在スタッフ4名で運営していると、日々いろいろな課題が発生し、誰かに客観的なアドバイスがもらいたくなるときがあります。**そのような課題をワンストップで解決してくれるコンサルタント会社は、地域で繁盛すること間違いなし**だと確信しています。

04 一からコンサルタントを育成する

□誰もがコンサルタントになれる?

世の中を見ると、ソリューションコンサルティング、提案コンサルティング、ライフコンサルティングなど、猫も杓子もコンサルタントを名乗る時代となりました。コンサルタントと言っておけば、通常のネーミングより一段高くなる、ステータスになるという意味も込められているのだと思います。

結局は、コンサルタントはお客様の課題を解決していくことが最大の使命だと考えれば、**どの職業においても不可欠な考え方**です。

我が社でも、ＩＴ部門の幹部はコンサルティングを志向して活動していますし、アシスタントの女性もコンサルタントを目指してくれています。

今の時代、女性が購買の8割を握っているという統計もありますが、私だけでは、お客様のマーケティング、商品開発支援などはなかなか行なえないことが現状です。

コンサルタントになるべく勉強やキャリアを積んできた方は、どちらかというと玄人的な発想になってしまい、消費者の声を見誤ってしまう恐れがあります。商品開発のコンサルティングをするときにも、購買対象者にアンケート調査などを実施することがありますが、大抵、予想とは違った答えが返ってきます。そういった点からも、女性目線、主婦目線をコンサルティングのサービスに取り入れていくことはとても重要なことだと思っています。

□地域コンサルタントの人材育成

近年、コンサルタントになりたい方は地域においても増えています。設立して間もない私の会社にも、定期的に入社希望者から履歴書が送られてきます。会社員として10年間、専門分野で経験を積んできた方から、大学卒業数年目という方までさまざまです。

ただ、コンサルティングファームなどでコンサルタント経験がないまま、独立・起業するにはなかなか至らないようです。しかし、1章でも述べたように、地域ではコンサルティング経験がないこともプラス要因になることもあります。地域では、地域に合わせたやり方を学んで活動していくことが地域コンサルタントとして成功する近道です。

コンサルタントには、専門分野における知識やスキルはもちろんですが、それ以上に人間性や意識を常に高めていくことが必要になります。

そのため、弊社で一緒に働く方には、まずコンサルタントとしての目標や目的を、自分の人生と重ね合わせて考えてもらっています。企業の分析ツールやマーケットリサーチの知識を学んでもらうのは、その後です。

地域には、コンサルティングの現場はたくさんあります。そして、営業や企画提案など、通常のコンサルティング以外にこなさなければならないことも、さまざまです。したがって、自分の得意な分野を活かして、実務経験を積んでいけば、短期間で成長することもできますし、地域企業に役立つ人材になっていくことも可能です。

こうした地域コンサルタントを1人でも多く育成していくことが、地域一番コンサルタントを続けていくうえで次の取り組みとなるでしょう。

05 事業受託による他業種とのコラボレーション

コラボレーションで課題を解決する

知名度が上がってくると、いろいろな依頼が舞い込んでくるようになります。時にはコンシェルジュ的に「接待に使う店はどこがいい？」という相談まであります。これは極端な例ですが、商品開発、地域の活性化に関するものなどの課題に目を向けて、**さまざまな業種の方と連携してチームを作り、事業を受託して運営していく**ということも、これからおおいに増えてくると思います。

「あの事業者とこの事業者をうまくタイアップさせて、新しいものを生み出そう」という発想で事業を創造していくことが、地域コンサルタントには可能になってくるのです。

日々、地域に根差して活動していることで、地域からの信用度、企業からの信頼度がどんどん高まっていくと、それに伴なうビジネスチャンスも多くなります。

通常は戦略上、表に出てこない情報が入ってくるようになることで、事業化への可能性も高くなります。まさに地域コンサルタントの次のモデルになりうるのが、この**地域企業のコラボレーションで事業を創っていく**という発想です。

□新しいものを生み出す核となる

地域は今、新しい仕組みや、考え方を求めています。それが閉塞感を打破するきっかけにもなるはずです。ノリや勢いで考えたことが案外ヒットすることもおおいに考えられます。

地域コンサルタントは、それらの突拍子もないものに対して色眼鏡で見るのではなく、ニュートラルな視点で支援を行なっていくことが大切です。

・雇用の多様化に対する課題解決

人口減少の影響で、地方における人材確保はますます困難になりました。既存の求人システムでは新卒の学生、中途採用含めていい人が集まらなくなりつつあります。特に、工場や、流通の現場の従業員が集まりづらくなっています。女性、高齢者、障がい者、外国人労働者等が働ける職場を作っていく取り組みは、喫緊の課題です。

「SUCCEED CAFE」に従業員を連れて参加してくれている自動車の精密部品加工会社は、障がい者を30名以上雇用しています。健常者の人数のほうが少ないという他にはあまり見られない会社ですが、障がい者の働き方に合わせた生産の仕組みや、勤務体制が取られています。最近はその雇用形態のノウハウを強みに、食品加工分野に進出し、さらに業績を伸ばしています。

・地域連携体での海外進出

地域産品や、伝統工芸品さらに工業製品の海外展開、販路拡大はどの地域でも注目されています。そして、今後はこれらの支援を行なっていく必要性が高まると思います。

私のお客様で、栃木県に本社・配送センターがあり、全国にお取引先のあるギフトの卸売業の会社があります。現在、今後のさらなる成長を考えて、アジアを中心とした海外に店舗を設立して直接販売する取り組みを行なっています。この会社も、日本の伝統工芸品、特産品を扱っているメーカーと連携体を組んで、現地で販売していくという目的で、店舗出店費用や運営費の一部で国の補助金の支援を受けています。

地域コンサルタントも、企業の海外進出を支援できるようなネットワークを持っておく必要があります。地域で活動していても、グローバルな情報や人脈がなければコンサルタントは務まらない時代が来るでしょう。

□コンサルタントのイメージを変えていく

とは言え、地域コンサルタントのニーズはまだまだ潜在的なものです。地域コンサルタントは、ビジネスとしては軌道に乗るまで非効率で、すぐに結果が出ることのない、割の合わない事業と言えるかもしれません。しかし、地域で活動していくことにより、地域に対する愛着や、人との触れ合いなどを常に感じながら成長していくことが可能になります。

すでに、地域企業はこれまでにない外部環境に直面し、生き残りをかけた事業運営を行なっていく時代に突入しています。大都市圏以上に厳しい環境下で、これらの企業と苦楽をともにすることは非常にやりがいがあり、独立してよかったと思える仕事になるでしょう。地域密着をうたったコンサルタントが数多く出てくることにより、既存の組織や体制を再構築していく一助になっていくはずです。

地域で活動して、収益を上げることはなかなか大変なことですが、日本にとっても重要な仕事を担っていくのだと確信しています。

おわりに

最後までお読みいただき、ありがとうございます。

皆様は本書を読み終えて、どのように感じられたでしょうか？「これだったら自分にもやれそうだ、地域でコンサルタントになってみたい」「自分も独立できる」「地域でコンサルタントとしてやっていくのが不安だったが、この道で頑張ろう」――。読んでいただいた方に、そんな気持ちになっていただければ、著者として本当にうれしいです。

地域で起業した私は、独立当初、料金設定、お客様の集め方など、さまざまなことで悩みました。もちろん、独立前にもコンサルティング業界のことは調査していたのですが、地域での活動の方法をうたった本や事例はなかったように思います。当時は、「ないということは、地域密着では成り立たないのかな」と不安にもなりました。

しかし、地域企業を応援するという志を立てて独立した私は、多くの人の協力、アドバイスをもとに数年かけて、本書の内容を一つひとつ実践し、積み上げてきました。このノウハウを、地域で活動しているコンサルタントの方に活用いただけたらと思います。

ただ、この本の内容を実践しても、ある1つのものが欠けていると、独立してもうまくいかないでしょう。

それは、「コンサルタントとして成功したい自分」「地域企業のために貢献したい自分」に「自信」を持つことです。あなたがその自信を持ったとき、お客様が向こうからやってきてくれるようになります。

「37歳で本を出版する」

8年前、当時ごく普通のサラリーマンだった私が成功ノートに記入したことです。独立も遠い先だと思っていた当時は、本を出すなんて夢のまた夢でした。しかし、自信を持って、そう書いていたのです。

成功の基準や定義は人それぞれ違うと思います。ただ、今は本当に栃木県宇都宮市で独立してよかったと思っています。

私のお客様は栃木県でも業界を代表する企業、業歴の長い企業が多いです。そのような方々が、会社の未来を創っていく重要なミッションを、新米のコンサルタントに与えていただいたことに感謝しています。皆様と出会えていなかったら、この本は生まれなかったでしょう。

また、この本を出版するにあたって、多くの方にご協力をいただきました。出版会議という場を設け、毎回企画について本音でご指導いただだいた同文舘出版の古市達彦編集長、出版まで導いてくださった担当の戸井田歩様、本当にありがとうございました。そして、出版会議に参加するきっかけを与えてくださったサトーカメラの佐藤勝人専務には、出版のみならず、コンサルタントとしての在り方を教えていただきました。

我が社のスタッフ、新井祐介君、齊藤加居さん、パートナー企業の皆さん、仲間の大切さを理解することができました。執筆中の業務サポート、本当にありがとう。

そして、独立すると言ったときに応援してくれた父、母に感謝するとともに、常に私を励まし、応援し続けてくれる人生のパートナーである妻 裕子、そしてかわいい子どもたちにも「ありがとう」と言いたいです。

最後に、この本を読まれた方の中から、地域のために活躍するコンサルタントが増えて、地域企業の未来が明るくなることを願っております。

著者

【著者略歴】

水沼啓幸（みずぬま ひろゆき）

中小企業診断士、株式会社サクシード代表取締役

1977年生まれ。高崎経済大学経済学部卒業。法政大学大学院 イノベーション・マネジメント研究科修了、経営学修士（ＭＢＡ）。株式会社栃木銀行勤務を経て、平成22年、地域企業を対象に、財務・金融・事業承継を専門に支援するコンサルティング会社、株式会社サクシードを設立。栃木県宇都宮市を中心とし、地域に密着したコンサルティングを行なっている。独立２年目に20社の顧客開拓を実現し、４年目には延べ150社を支援。現在、従業員４名となり、顧客のニーズに合わせたWEB、デザインサービス事業も展開するなど、組織的にサービス提供をしている。著者が主催する次世代経営者の勉強会「SUCCEED CAFE」には、毎回30名の若手経営者が栃木県内各地から参加する。法政大学地域研究センター客員研究員、とちぎ経営人財塾代表。

株式会社サクシード

URL　http://succeed-biz.jp

【講演・執筆・個別面談のお問い合わせ】E-mail　contact@succeed-biz.jp

売上1000万円を稼ぐ！

「地域一番コンサルタント」になる方法

平成27年２月18日　初版発行

平成30年12月１日　３刷発行

著　者　水沼啓幸

発行者　中島治久

発行所　同文舘出版株式会社

東京都千代田区神田神保町1-41　〒101-0051

電話　営業03（3294）1801　編集03（3294）1802

振替　00100-8-42935

http://www.dobunkan.co.jp

©H. Mizunuma　　ISBN978-4-495-52931-4

印刷／製本：三美印刷　　Printed in Japan 2015
